JN441714

아내
꽃
피다

아내 꽃 피다

결혼 후 다시 시작하는
여자의 인생 꿈 찾기

요시타케 데루코 지음 | 유인경 옮김

서문

자신의 인생에서 주인공이 되자

육아에서 해방되어 가볍게 인생을 재출발할 수 있는 눈부신 나이는 과연 몇 살일까? 평생 가정에만 몰두해 지낼 수는 없다. 살다 보면 변화가 필요한 시기가 찾아온다. 그때가 오면 아마 본인이 가장 먼저 알게 된다.

그럼에도 자신의 삶에 아무런 변화를 주지 않고 인생을 온통 회색빛으로 물들이는 여자들이 얼마나 많은가. 아이 기르는 뿌듯함에 빠져 지내던 숱한 날들을 그리워하며 우울증에 걸리거나, 알코올중독에 빠지기도 하고, 때로는 이혼 환상에 휩싸인다. 나는 이런 여성들을 만날 때마다 그녀들의 어깨를 붙잡고 마구 흔들고 싶어진다.

"평균 기대수명 80세의 시대가 왔습니다. 타고난 재주와 능력이 있어도 오로지 어머니의 역할만을 강요당하던 시대는 지났습니다. 아이가 자립하고 난 다음 당신이 살아야 할 인생이 몇 년인지 알고 있나요? 이제는 자신의 타고난 재능과 능력을 발휘하며 살아가야 합니다. 여러분은 이렇게 멋진 시대에 태어났습니다. 그런데도 설마 시궁창에 빠져 살 생각은 아니겠죠?"

지금껏 아내 또는 어머니로서 인생의 드라마를 실컷 맛보며 살아왔다고 생각하는가? 그렇지만 그 드라마 속의 주인공은 분명 당신이 아니었다. 남편과 아이들 곁을 지키는 조연에 불과했다. 그 때문일까. 우리 주위에는 자식과 남편 없이는 홀로 자립할 수 없는 여자가 상당하다.

인생은 단 한 사람의 단 하나뿐인 삶이다. 인생의 주역은 바로 당신 자신이다. 자신의 인생에서 주인공이 아닌 조연으로 살아간다면 과연 참다운 나의 인생을 살았다고 할 수 있을까.

우리는 육아에서 해방되는 순간 내가 나로서 살아갈 수 있는 기회를 얻는 것과 같다. 누구누구의 엄마가 아니라 자신의 이름을 가진 개인으로서 스스로의 인생을 가꾸며 살아갈 자격을 얻는 것이다. '앞으로의 인생을 풍성하게 펼쳐나가고 싶다', '나이 먹을수록 성숙하고 충만한 삶을 살고 싶다'는 마음이 있다면 이 책을 '자아 찾기 여행'의 출발선으로 생각하고 차분히 읽어보기 바란다.

'자아 찾기 여행'의 경로에는 기쁨과 행복만 있는 게 아니다. 숱한 시행착오를 겪을 것이고 그러면서 다시 배우고, 일하고, 사랑하며 자기 자신을 온전히 드러내고 그 끝에는 충만한 삶이 기다리고 있을 것이다. 나 역시 그런 과정을 거쳤기에 그야말로 60대를 목전에 둔 지금, 나이 먹는 기쁨으로 충만해 있다.

과정이 없다면 결과를 얻을 수 없다. 그 과정의 첫걸음을 이제 시작해 보자. 자, 용기를 내어 첫발을 내디뎌 보자. 당신 앞에 눈부신 미래가 펼쳐질 것이다.

목차

선택 3 도전함으로써 인생은 단련된다

자신을 키우고 연마하기 위해

선택 4 사회만큼 좋은 인생의 교사는 없다

일을 인생의 보람으로 삼기 위해

선택 5 부부 관계의 질에 따라 남은 인생이 달라진다

자립한 남편과 아내의 결혼 60년을 위해

선택 6 결혼에 상관없이 남녀 모두 독립적 감각을 기르다

인생을 온전히 사는 짝이기 위해

변화를 위해서는 한 걸음 내디뎌야 한다

자신의 의지로 **인생을 선택**하기 위해

그녀는 자신이 '어떻게 하겠다'는 구체적인 방법을 찾지 못한 채 사방이 꽉 막힌 상태에 놓여 있다고 생각하지만, 사실은 스스로 결정하는 자기 결정 의지의 결여가 그녀를 막다른 길로 몰아넣고 있는 것이다.

'하고 싶은가', '하고 싶지 않은가', '나는 어떻게 하고 싶은가'라는 식의 자문하는 습관을 갖지 않고 살아온 사람이, 어느 날 갑자기 '뭔가 하고 싶다, 뭔가 해야 한다'는 생각에 쫓겨 그제야 '뭘 하고 싶은지' 급히 찾으려고 해 봤자 그것은 좀처럼 쉽지 않은 일이다. 자기 결정 의지가 결여되어 있으면 반드시 심각한 자신 결핍증에 빠진다. 그 때문에 점점 더 자신을 막다른 길로 몰아넣게 된다.

평균 기대수명 80세 시대
라이프 스타일 선택에 당황하는 여자들

아이를 키운 뒤의 인생을 어떻게 살 것인가

"이대로 어물쩍 나이를 먹는 게 아닌가 걱정스럽지만 대체 뭘 어떻게 해야 좋을지 구체적인 방법을 모르겠어요."

전화나 편지, 때로는 직접 찾아오는 식으로 많은 여성으로부터 상담을 의뢰받는다. 대체로 상담자의 외양은 해마다 젊어지고 있다. 옛날에는 몸매나 말투, 복장 등으로 그 사람의 개인적 배경을 한눈에 알아볼 수 있었다. 또한 때로 그러한 눈에 보이는 배경에 의해 세상으로부터 받는 취급이 달라지기도 했다. 그렇지만 요즘은 그러한 경계선이 완전히 무너지고 있다. 즉 겉모습만 봐서는 그 사람에 대해 무엇도 제대로 추측할 수 없다. 바꿔 말하면, 누구든 자신이 마음먹기에 따라 겉모습을 바꿀 수 있고 자신이 원하는 라이프스타일을 선택할 수 있다는 뜻이다. 그렇지만 아직까지도 단지 외모의 변화만 시도할 뿐 자신의 인생을 선택하는 일은 뒷전으로 내버려둔 여자들이 많이 있다.

상담자의 나이는 20대부터 80대까지 그야말로 다양한데 그들이 털어놓는 고민은 대개 '인생을 되찾고 싶다'에 가깝다. 그중 한 명의 이야기를 여기 소개하고자 한다.

"전문대학을 졸업하고, 2년간 회사 다니다가 직장 동료랑 결혼했어요. 그때부터 죽 전업주부로 살았어요. 결혼 1년 뒤에 첫애를 낳고, 2년 뒤에 둘째가 태어났어요. 아이 키우다 보니 지금껏 정신없이 살았네요. 어느덧 큰애는 중학생이 되었고 작은애는 초등학교 고학년이에요. 아이가 다 크고 보니 혼자 지내는 시간이 많아졌어요. 그러다 보니 자꾸 이런저런 생각을 하게 되네요."

어머니와 같은 전철은 밟고 싶지 않다

평균 기대수명 80세 시대. 인생 중반의 시기에 접어들면 아이가 어렸을 때처럼 그저 자녀에게 맞춰 생활하는 것은 불가능하다. 그 사실을 그녀의 친정어머니가 그대로 보여주고 있다. 그녀는 자신의 어머니와 같은 전철은 밟고 싶지 않다고 말한다.

"엄마는 스물한 살에 결혼해서 스물다섯에 저를 낳았대요. 제 위로 오빠가 한 명 있고, 그동안 엄마는 저랑 오빠만 바라보면서 살았어요. 올해 꼭 예순이 되었네요. 지금은 오빠 내외랑 같이 살고 계세요.

엄마한테 사흘이 멀다고 전화가 와요. 올케가 밖에만 나가면 그사이 저한테 전화를 하세요. 내용은 뭐 거의 올케 험담이에요. 원래 엄마는 그런 분이 아니었는데, 참 따뜻하고 정 많던 분인데 어떨 때는 듣고 있기 괴로울 정도로 올케 험담을 하세요. 근데 자세히 들어보면 올케가 정말 뭘 잘못한 것도 아니고 그저 아들 빼앗긴 엄마의 원망처럼 들려요……. 저도 아이 키우느라 바쁘고 그럴 때는 엄마가 올케 험담을 해도 그러려니 하고 넘겼는데 요새는 혼자 지내는 시간이 많다 보니…… 어쩐지 나도 나이 들면 엄마처럼 변하는 게 아닐까 싶어 초조해지기 시작했어요. 나도 엄마처럼 아이가 둘인데 이대로 아이만 바라보고 살아간다면 엄마처럼 되는 게 아닐까. 엄마처럼 인생을 얼렁뚱땅 살아가기는 싫다……. 생각할수록 점점 제 삶이 절망적으로 느껴져요."

산다는 건 매우 구체적인 행위다. 아무리 머릿속으로 '이대로 무책임하게 살다가는 어머니의 전철을 밟게 될 테니, 어떻게 해서든 이 상태를 깨야 한다'고 생각해도 바로 이 '어떻게 해서든'을 '어떻게 하겠다'로 바꾸기 위한 구체적인 방법을 찾아내지 않고선 어물거리는 현재의 생활을 벗어날 수 없다.

'어떻게 해서든'을 반복하는 동안 훌쩍 1년이 지나고 잘못하다간 '어떻게 해서든'만 주문처럼 외우다 허송세월하기 십상이다.

이렇듯 그녀는 초조감이 극에 달하자 결국 돌파구를 찾기 위해 나에게 상담을 받으러 찾아왔던 것이다.

"이대로 어물쩍 나이를 먹는 게 아닌가 걱정스럽지만 대체 뭘 어떻게 해야 좋을지 구체적인 방법을 모르겠어요."

그녀는 내 얼굴만 뚫어져라 바라보며 물음을 던졌다. 그 표정에서 얼마나 간절히 답을 원하는지 느껴졌다. 하지만 묻기만 하면 마치 자판기에서 물건이 툭 떨어지듯 원하는 답을 찾을 수 있으리라 믿는 그녀의 안이한 태도에 나는 당황하지 않을 수 없었다.

'어떻게 해서든'을 어떻게 하겠다로 바꾼다

즉각적인 실행과 행동을 할 수 없는 이유

미국이나 유럽의 여타 선진국만큼은 아니지만 지금은 내가 30대였던 시절에 비하면 분명 나만의 라이프스타일을 가질 수 있는 구체적인 방법들이 훨씬 다양해졌다.

배우려고만 하면 문화센터가 있고, 각 지역단체에서 열리는 여러 강좌도 있다. 굳은 의지로 대학에서 배우고자 하는 여성에게는 방송대학이 있다. 사회인 입학이라는 형태로 문호를 개방하고 있는 대학도 크게 늘고 있다. 주부들의 취업문도 활발히 열리기 시작하고 있으며, 자원봉사 활동도 해마다 다양해지고 있다. 전문 기술을 익힐 곳도 결코 적지 않다.

거기다 신문이나 잡지의 광고란이나, 각 지역단체의 홍보지를 보고 항목별로 열심히 일람표를 만들어두면 그야말로 선택의 폭은 다양하다는 생각이 든다.

그런 여러 가지 방법 중에 자신에게 가장 잘 맞는 길을 선택할 수 있는 시대를 만난 현시대의 여성들에게 나는 부러움을 느낀다.

그럼에도 불구하고 구체적인 방법을 찾을 수 없으니 어떻게 좀 해달라고 찾아오는 여자들의 발길이 끊이지 않는다. 이건 대체 어떻게 된 일인가.

그러나 무엇보다 답답한 건, 자신이 지금 무엇을 해야 하는지 답을 구하러 찾아온 척하다가 막상 방안을 내놓으면 태도가 돌변하는 것이다. 자신에게 해당되는 해결책은 절대 없다는 듯 구구절절 사정을 끝없이 늘어놓는다.

"머리를 싸매고 고민만 한다고 해결되진 않아요. '어떻게 해서든'을 '어떻게 하겠다'로 바꾼다는 건 생각에서 행동으로 옮겨야 비로소 실현할 수 있는 거예요. 다양하게 시도해

보지 않고선 자신에게 어떤 일이 맞는지 알 수 없어요. 우선 먼저 배우는 것부터 시작해 보는 게 어떨까요. 배울 곳은 얼마든지 있습니다. 문화센터도 좋고, 지역단체에서 하는 강좌도 좋아요. 여하튼 내일부터 시작해 보세요. 무슨 일이고 자꾸 미루다 보면 1년은 그냥 지나가 버립니다. 공부를 하든, 일을 하든, 자원봉사를 하든 뭔가 한다는 건 습관이 되는 거니까 하루빨리 행동하는 게 중요해요. 반대로 어름어름 시간을 낭비하다 보면 결국 그 행동이 습관이 되어 자기도 모르게 어머니와 똑같은 전철을 밟게 될 거예요."

어머니의 전철을 밟고 싶지 않다며, 자신은 이러지도 저러지도 못하는 상황에 처해 있으니 제발 좀 어떻게 해달라는 식이었던 그녀 역시 다른 사람들과 마찬가지로 반응을 보였다.

"아직 큰애는 중학교에 다니고, 작은애는 초등학생이라 집에 엄마가 있어야……."

그녀는 말끝을 흐렸다.

왜, 한 발짝 내딛을 용기가 없는가

"사실 현재의 생활을 바꾸고 싶지 않은 거군요. 이러니저러니 해도 지금 그대로가 편한 거 아닌가요. 그러니 남편이나 아이를 내세워 핑계를 만들고 있는 거죠. 정말로 절박한 상태라면 그렇게 말할 수 없어요."

모질게 몰아붙이자 그녀는 아무런 대꾸도 못하고 어깨를 늘어뜨린 채 집으로 돌아갔다. 그 쓸쓸한 뒷모습을 바라보며 나는 마음 한편이 불편해졌다.

아마도 그녀가 나를 찾았을 때 가슴에 품은 그 마음은 분명 진심이었을 것이다. 그녀에게는 자신의 삶을 바꾸고 싶은, 아니 바꾸지 않으면 안 된다는 의욕이 있었다. 또한 그 의욕을 어떤 형태로 만들고 싶은 초조감도 전혀 거짓은 아니었을 것이다. 하지만 그것을 실제로 실현하기 위해 한 발짝 앞으로 내딛을 용기가 없었던 건, 지금껏 너무 오랫동안 자신의 의지를 무시하고 살아왔기 때문은 아닐까.

"지금껏 제가 살아온 인생을 돌아보면, 제 의지대로 된 건 하나도 없었던 것 같아요. 부모님이 정해준 대학에 들어갔고, 사회생활을 제대로 경험하기도 전에 직장 동료와 결혼을 했죠. 연애결혼이었지만 지금 생각해 보면 그건 그냥 결혼을 위한 하나의 절차에 불과했던 것 같아요.

현재 집안에 큰 문제는 없어요. 아이들도 별 탈 없이 잘 자라고 있어요. 학교 선생님이나 다른 엄마들한테 종종 칭찬도 듣고요. 그럴 때면 제 어깨가 으쓱해지기도 해요. 남편은 좀 재미없는 사람이기는 하지만, 자기가 동기 중에서 가장 먼저 출세했다 하더라고요. 남편 직장 동료나 부하 직원들도 제가 내조를 잘해서 남편이 일찍 출세한 거라고 치켜세워요. 친정 엄마는 남편 착하고, 아이들 말 잘 들으면 그게 행복한 거래요."

인간은 누구나 좋은 평가를 받고 싶어 한다. 더욱이 그것이 아이나 남편을 통한 것이라면 그들이 속한 주위 사람들에게 자신이 좋은 아내로 보이는지, 좋은 어머니로 비치는지 끊임없이 그들의 눈을 의식할 수밖에 없다.

이렇게 저렇게 하고 싶다고 생각한 적이 있었을지도 모른다. 그렇지만 지금까지 얻어온 남편이나 아이를 통한 평가를 잃어서는 안 된다고 자중하고 있는 동안, '나는 무엇을 하고 싶은가'라고 묻는 습관을 잃어버리는 것은 아닐까.

자신을 깎아내리는 여자들의 속성

자기 결정 의지의 결여로 막다른 길에 들어서다

"큰아이 초등학교 2학년 때, 어머니 농구부가 생겼어요. 마침 아이 친구 엄마가 같이 농구부 활동하지 않겠냐고 물어보기에 호기심이 들더라고요. 일단 남편한테 전화해서 물어봤어요. 다짜고짜 '당신이 애야?' 그러면서 몰아세우더라고요. 그래서 그냥 포기했어요."

아내들 사이에서는 "남편에게 물어보고."라는 말이 버젓이 활개를 치고 있다. 물론 부부는 인생의 파트너인 이상 서로 의논해서 결정하지 않으면 안 될 일이 있다. 자녀 양육이나 진학 문제, 또는 거금을 들여 물건을 살 때라든가 서로의 인생에 큰 영향을 미칠 만한 일은 부부가 면밀히 검토해 결정해야 한다.

다만, 아내가 명확한 의지를 갖고 있지 않다면 단순히 남편을 추종하는 것으로 끝날 뿐이다. 그러다 결국 남편에게 의지하지 않으면 일상생활의 사소한 부분까지 결정하지 못하는 타인 의존형 인간이 되어 버린다. 이러한 과정을 거쳐 의존형 인간이 된 아내들이 적지 않다는 사실은 일상생활의 곳곳에서 확인할 수 있다.

아이들 놀이터를 만들기 위한 서명을 받으러 다니다 보면 5~6명 중 1명꼴로 이런 대답을 한다.

"남편에게 물어보고요……."

어떻게 아이들을 위한 놀이터가 필요한지조차 스스로 결정하지 못하는지, 그 지나친 자기 부재에 할 말을 잊어버리곤 한다.

그중 몇몇은 분명 거절 대신 "남편에게 물어보고요……." 라고 둘러대고 있다. 이렇게 거절 대신 항상 이 말을 쓰다 보면 어느새 습관이 되어 사소한 일에도 남편에게 의지하지 않으면 결정할 수 없게 되고 만다.

어머니의 전철을 밟고 싶지 않다던 그녀 또한 이러한 아내들 중 하나가 아니었을까. 농구부에 가입하고 안 하고는 그야말로 자신이 결정해야 할 일이다.

그럼에도 그녀는 "당신이 애야?"라는 남편의 차가운 한마디에 "남편이 반대해서요."라고 포기해 버렸다. 자신이 농구를 하고 싶은지 아닌지는 생각도 않고 포기하는 것만 봐도 그녀가 얼마나 오랫동안 자신의 의지를 무시하고 살아왔는지 엿볼 수 있다.

그녀는 자신이 '어떻게 하겠다'는 구체적인 방법을 찾지 못한 채 사방이 꽉 막힌 상태에 놓여 있다고 생각하지만, 사실은 스스로 결정하는 자기 결정 의지의 결여가 그녀를 막다른 길로 몰아넣고 있는 것이다.

'하고 싶은가', '하고 싶지 않은가', '나는 어떻게 하고 싶은가'라는 식의 자문하는 습관을 갖지 않고 살아온 사람이, 어느 날 갑자기 '뭔가 하고 싶다, 뭔가 해야 한다'는 생각에 쫓겨 그제야 '뭘 하고 싶은지' 급히 찾으려고 해 봤자 그것은 좀처럼 쉽지 않은 일이다. 자기 결정 의지가 결여되어 있으면 반드시 심각한 자신 결핍증에 빠진다. 그 때문에 점점 더 자신을 막다른 길로 몰아넣게 된다.

나를 대신할 사람은 없다

상담자의 이야기를 듣고 있으면 '그냥 주부라서', '저 같은 사람이', '아무것도 모르는 여자가'라는 식의 자신을 비하하는 말이 거미줄처럼 토해져 나온다. 즉 '자신 결핍증'에 걸린 경우다.

"무슨 말을 그렇게 해요. 자기가 스스로를 깎아내리면 다른 사람들은 어떻겠어요. 당신은 이 세상에 단 한 명뿐이에요. 누구도 당신을 대신할 사람은 없어요. 자신에게 자부심을 가지세요. 스스로를 깎아내리는 사람이 과연 충실한 인생을 만들어갈 수 있을까요?"

나는 그때마다 똑같은 말로 격려하지만, 사실 말은 그렇게 하면서도 내심 낯 뜨거워지는 일이 있었다. 20년 전, 한 작가로부터 전화를 받았을 때다.

"우리 집에서 여성 문제 모임을 가지려고 합니다. 대여섯 명쯤의 인원을 예상하고 있어요. 멤버로 참석해주실 수 있을까요?"

당시 나는 주간지에 머리기사를 주선하면서 자잘한 글을 쓰고 있던 때였고, 상대는 이미 인기 작가로 부동의 자리에 올라가 있었다. 내게 있어 그 작가는 별세계 사람이자, 동경의 대상이었다. 그런 사람에게 뜻밖의 초대를 받으니 그 기쁨은 그야말로 하늘을 날아오를 정도였다. 하지만 나는 흥분한 나머지 횡설수설하다가 그만 이렇게 말하고 말았다.

"저 같은 사람도 괜찮을까요?"

순간 그 사람의 준엄한 목소리가 귓전을 울렸다.

"'저 같은 사람'이요? 나는 그런 식으로 자신을 비하하는 말투를 가장 싫어합니다. 제 스스로 자신을 깎아내리는 셈이죠. 그러니 남자에게 무시당하는 겁니다. 그래도 어쩌겠습니까, 자기가 자기를 깎아내리는데. 여자가 자부심을 갖지 못하는 건 참으로 한심한 일이 아닐 수 없습니다."

태어나서 그때만큼 부끄러웠던 적이 없었다. 그토록 여성 특유의 자기 비하를 혐오해 왔으면서도, 날아오를 듯한 기쁨에 이성을 잃자 순간 뼛속 깊이 밴 자기 비하 의식을 그대로 드러내고 말았던 것이다.

얼마나 구태의연한 의식에 사로잡혀 있었던가. 새삼 그 사실을 깨달은 뒤, 나는 내 안에 뿌리박힌 케케묵은 의식을 벗어던지기 위해 온 힘을 기울이게 되었다.

책임짐으로써
나를 단련하고 성숙해진다

선택에 대한 모든 책임은 스스로 감당해야 한다

상담하러 온 사람을 격려할 때마다 20년 전의 그 일이 생생히 떠오른다. 내심 얼굴을 붉히기도 하지만, 동시에 나처럼 구태의연한 의식에 사로잡혀 자기 비하로 똘똘 뭉친 그들을 보며 동병상련의 느낌을 가슴 깊이 느끼곤 한다.

예로부터, 아무리 훌륭한 법률이나 시스템이 만들어진다 해도 인간의 의식은 100년이 뒤처진다고 한다. 특히 남녀의 분야는 동서고금을 막론하고 남자란 이래야 하고, 여자란 저래야 한다는 말이 여전히 살아 있는 만큼 여자아이 키우는 법이나 여자가 살아가는 방식은 옛사람의 자취가 그대로 남아 있다 해도 무방하다.

어머니의 전철을 밟고 싶지 않다던 그녀도 부모로부터 "여자애니까.", "여자인 주제에."라는 말을 끊임없이 듣고 자란 기억이 있다고 했다. 어린 시절 그런 식의 말을 계속해서 듣고 자란다면 스스로를 하찮고 별 볼 일 없는 인간으로 여기는 것은 당연한 일이다.

게다가 때때로 남편에게서 "여자인 주제에.", "아내인 주제에.", "애엄마인 주제에."라는 말이 날아들면 이것만으로도 인간으로서 자신을 잃게 되는 것은 분명하다.

더욱이 남편이나 아이를 통해 평가받는 입장에서 살다보면 이처럼 남편이나 아이를 제외한 스스로에게 자신을 갖지 못하게 된다.

그녀가 아이가 돌봐야 한다는 핑계로 새로운 인생을 향해 나아가기를 회피했던 건 스스로에게 자신을 가질 수 없었기 때문이다. 일단, 자기 스스로 선택을 했을 때는 결과가 어떻든 간에 모든 책임은 결정한 본인이 져야 한다.

일의 결과가 어떻게 나올지는 누구도 예측할 수 없다. 잘

풀릴 수도 있고 실패할 수도 있다. 또는 실패로부터 더없이 비참한 궁지에 몰릴 수도 있다.

실패와 성공의 확률은 반반

결과야 어떻든 그에 대한 책임을 짐으로써 다분히 자신을 단련시킬 수 있다. 또한 일을 시작하기 전보다 인간으로서 보다 성숙해진 자신의 모습을 발견할 수 있으며 동시에 자신에 대한 믿음도 깊어진다. 이것이야말로 자기 결정의 묘미라 할 수 있다. 그러나 스스로에게 자신이 없는 여자들은 결과를 책임지기가 두려운 나머지 미래를 부정적으로 내다보고 겁을 내며 계획을 포기해 버린다.

"아직 큰애는 중학교에 다니고, 작은애는 초등학생이라 집에 엄마가 있어야……."라고 말한 그 뒷부분의 말줄임표 속에는 분명 "만약 아이가 나쁜 길로 빠져버리면 어쩌지." 라는 식의 중얼거림이 담겨 있었을 것이다.

실패할지도 모른다는 건 뒤집어 말하면 성공할지도 모른다는 말이다. 실패와 성공의 확률을 5 대 5로 봐야 하지 않을까. 그럼에도 자신 안에서 성공의 이미지를 완전히 지워

버리는 것은 그야말로 '나 같은 사람은 성공할 리 없다'며 처음부터 단정하고 있기 때문이다.

자신 결핍증의 상태에서 남에게 떠밀리다시피 일을 결정해 버리면 실패할 확률이 높다. 또한 이런 식의 결정은 역효과를 내서 '역시 난 안 되는 여자야'라는 자기 부정 의식을 불러들이고 자기 결정 의지의 결핍을 한층 키우는 악순환을 초래한다. 그로 인해 나는 무턱대고 상담자의 등을 떠미는 일이 망설여진다.

자극이 부족한 가정이란 이름의 안전지대

남편과 아이를 빼고 나면 아무것도 없다

가정에 안주해 남편이나 아이를 통한 평가에 저항 없이 살아온 여자와 스스로의 선택과 자력으로 인생을 만들어가며 사는 독립적 감각을 가진 여자의 차이는 나이 듦에 따라 확연히 드러난다.

무엇보다 이 둘의 결정적인 차이는 스스로를 평가하는 데 있으며 이것은 곧 자신감으로 이어진다.

어머니의 전철을 밟고 싶지 않다던 그녀의 경우, 남편과 아이를 뺀 자기 자신에 대한 평가는 거의 제로에 가까웠다.

"남편과 아이를 빼고 나면 전 정말 아무것도 못해요. '이런 것도 몰라? 엄만 정말 아무것도 못하는 사람인가 봐.' 애들한테도 이렇게 바보 취급을 당할 정도니. 전 정말 아무것도 못하는 여자인가 봐요."

긴 한숨과 함께 토해낸 그녀의 말이 몹시도 서글프게 느껴졌다. 그러나 이 말은 단순한 자기 비하가 아니라 주부가 놓여 있는 상황을 적나라하게 드러내고 있는 것이다.

여자가 결혼해서 가정에 들어앉으면 어지간한 노력 없이는 자신을 자극하는 삶에서 멀리 떨어져 살아가게 된다. 가족이 마음 편히 쉬고 안정을 취하는 곳, 이것이 본래 가정의 이상적인 모습이다.

우리는 누구나 가정에서 한 발짝만 나가도 타인과의 관계 속에서 긴장을 강요당하고, 자신에 대한 절제를 요구받는다. 그러다 보니 사적인 장소인 가정에서는 다 늘어진 고무줄처럼 완전히 풀어진 상태로 아무런 풍파 없이 한가롭게 지내고 싶어 한다.

따라서 그런 가정을 책임지고 있는 주부인 만큼 그녀의 마음속에 큰 파문이 일고 있을지라도 가족에게는 태양 같은 존재로 남기를 기대하는 것이다.

출산은 인간의 퇴화를 동반할 때도 있다

나는 외동딸을 두고 있다. 그 애를 낳은 건 내 나이 서른두 살 때의 일이다. 당시 회사를 다니고 있던 터라 출산 뒤 4주간의 휴가를 받았다.

가정에서의 생활은 그야말로 천국이었다. 직장에서는 끊임없이 긴장을 강요받으며, 퇴근 즈음 서류를 정리해 놓고 가라는 직장 상사의 말에도 싫다고 답할 수 없고, 자신에게 벅찬 일이라도 지시받은 이상 어떻게든 해놓지 않으면 안 된다.

반면 집에서는 남의 시선을 신경 쓰지 않고 평온함이 가득 찬 생활을 할 수 있고, 집안일이 결코 만만하지는 않지만 오늘 싫으면 내일 하면 되는 탄력성이 있는 만큼 재량껏 어떻게든 꾸려갈 수 있다.

"어, 누가 그랬쪄. 배가 고파요? 자, 맘마 많이 먹고 쑥쑥 자라야지. 우리 예쁜이, 사랑해요. 우리 예쁜이도 엄마 사랑해요?"

가정에서 아이와 뒹굴며 되는 대로 말하다 보면, 자신을 아기 수준으로 끌어내려서일까. 왠지 어린 시절로 되돌아간 것 같고 세상의 모든 시름이 날아가 버리는 듯했다.

스포크 박사는 여자에게 있어 출산은 인간으로서의 퇴화를 동반하는 경우가 있다고 경고했다.

"아이가 태어나면 어머니는 자신을 아이 수준으로 끌어내린다. 그리고 그 상태에서 아이와 어울리며 편안함 속으로 빠져들면, 아이가 성장해도 어머니는 아이 수준에 그대로 머물러 있는 경우가 많다."

그 시기의 나는 인간으로서 퇴화기였던 것일까. 아이와 가정에서 떨어져 직장에 복귀하는 일이 도무지 괴로워 견딜 수 없었다. 결국 예정보다 일주일 늦게 직장으로 돌아갔지만 그 뒤로 두 달여 동안은 강도 높은 업무를 감당하지 못해 지칠 대로 지쳐버렸다. 그리고 그 일로 인해 가정이라는 곳이 얼마나 자극이 부족한 공간인지 새삼 깨달았다.

어머니의 전철을 밟고 싶지 않다던 그녀가 자신에게 주어진 역할을 즐겨 했는지는 모르지만, 평가에 대해 예민했던 그녀는 좋은 아내, 좋은 어머니, 좋은 주부가 되기 위해 노력하고 이상적인 가정을 만들기 위해 애썼을 것이다. 하지만 그건 어디까지나 역할에 대한 평가일 뿐 그녀 자신에 대한 것이 아니다.

인생 도약의 시기를 힘껏 뛰어넘다

진정한 나로 살기 위해

일찍이 남편은 돈을 벌고 여자는 집을 지키는 식으로 서로의 부족한 점을 보충하는 것이 전형적인 결혼의 형태였다. 하지만 이제 세월이 바뀌면서 남편은 정년퇴직 후의 세월이 너무 길다. 하물며 여자는 아이들이 자립한 뒤의 세월이 3~40여 년에 이른다. 이미 자신들의 조부모나 부모처럼 단순히 서로의 부족한 점을 메우는 형태로는 살아갈 수 없는 것이 현실이다.

훌륭한 남편이 있든, 자랑할 만한 아이가 있든 상관없이 가족은 각자 독립적 감각으로 살아가야 한다. 그것은 특히 여성에게 있어 앞으로의 인생을 좌우하는 큰 영향력을 가질 것이다.

독립적 감각으로 산다

노력한만큼 평가받는다

한 독신 여성이 있다. 그녀는 자기주장이 분명하다. 아마 지금껏 누구에게도 기대지 않고 혼자의 힘으로 당당히 살아온 자신의 삶에 확신을 가지기 때문일 것이다.

"전문대 영문과를 졸업하고, 직원 100명 정도의 소규모 외국계 회사에 입사했어요. 대기업 은행도 추천받았지만 제 실력을 발휘하기에는 소규모 회사가 적당할 것 같아서 그쪽을 선택했어요. 취업을 도와주시던 지도 교수님은 나중에 결혼할 때를 생각하라고 대기업을 추천했지만 제 생각은 좀 달랐어요. 앞으로 살아갈 날이 창창한데 단지 결혼, 출산만 생각할 게 아니라 그 후의 먼 미래까지 내다본다면 굳이 대기업이 아니더라도 뚜렷한 제 일이 있어야 한다고 생각했어요.

제 위로 오빠 한 명이 있는데, 대학에 진학하면서 바로 자립했어요. 엄마는 그 뒤로 오로지 저에게만 관심을 쏟았어요. 당시 엄마 나이는 40대 후반에 불과했는데 마치 자신의 인생은 포기한 듯 저에게 집착하는 모습에 무척 괴로웠죠. 그때 엄마를 보면서 생각했어요. '결혼해서 아이를 낳고 키우는 건 단지 인생의 한 과정에 지나지 않는다, 평생 아이나 남편을 통해 살 순 없다, 단지 결혼할 때 내세우기 위해 직장을 구할 게 아니라 누군가를 통하지 않고 나의 자아를 확립할 수 있는 직장을 구하자'고요."

그녀의 선택은 옳았다. 능력 위주의 외국계 회사는 성별에 관계없이 능력 있는 사람에게 책임 있는 업무를 맡겼다. 또한 자기 PR 제도가 갖춰져 있어 직원들은 자신의 능력과 재능, 혹은 취직 후에 습득한 전문 기술이나 지식을 서류에 적어 상사에게 제출하면 자신에게 적합한 일이나 그에 맞는 부서로 옮길 수 있었다.

만약 "저 같은 사람이……."라고 말하면 "우리 회사는 자신감 없는 사람은 필요로 하지 않아요."라는 차가운 답변이 돌아왔다. 겸손을 차린답시고 한 말이 액면 그대로 받아들여져 한직으로 밀려나는 경우도 있었다. 이렇듯 자신을 적극적으로 PR 하는 제도 덕분에 그녀는 오랫동안 몸에 배어 있던 자기 비하 습관에서 풀려났다.

또한 노력하면 그대로 평가받는다는 묘미에 끌려 입사 후 3년째 영문 타이핑과 영문 속기, 동시통역에 이르기까지 연이어 새로운 것에 도전했다. 그렇게 그녀는 차츰 자신감을 얻었고 "저는 이런저런 일을 할 수 있습니다."라는 자기 PR을 통해 중요한 업무를 장악해 갔다. 현재 그녀는 주임 비서라는 중책을 맡고 있다.

스스로 평가의 대상이 되어 어떤 결과든 자신의 이름을 걸고 책임 있게 살아온 15년의 세월은 그녀를 멋진 프로 여성으로 만들어 놓았다.

그녀를 처음 만난 건 12년 전, 커리어 우먼 특집 취재로 진행한 인터뷰를 통해서였다. 당시 그녀는 한창 결혼에 대해 고민하던 중이었다. 상대는 같은 회사의 선배였다. 그녀는 "결혼하면 직장은 그만뒀으면 좋겠어."라는 애인의 말에 결혼에 대해 다시 생각하고 있었다.

인간으로서의 가능성에 건다

"현시대에 여자의 인생 목표는 이제 결혼이 아니에요. 앞으로 60년의 세월이 있잖아요. 남자에게 기대고 살기에는 너무 길어요, 60년의 세월은……."

아득한 60년의 저 끝을 응시하듯, 그녀는 먼 데로 시선을 던지며 말했다.

같은 세대의 많은 여성과 그녀의 차이는 인생을 바로 코앞에 닥친 그날그날의 생활이 아닌 60년이라는 긴 안목으로 내다볼 줄 아는 데 있었다.

회사 선배와의 결혼은 어느덧 흐지부지되어 버리고, 그녀는 직장 생활 5년째 되던 해에 집을 구해 독립을 했다. 독립을 단행한 이유를 그녀는 이렇게 설명했다.

"부모님과 같이 살면 아무리 나이를 먹어도 딸이고 아이라는 기분을 떨칠 수가 없어요. 월급도 용돈 대신인 듯한 생각이 들면 좀처럼 직장인으로서 제 몫을 하기 힘들어요. 독립을 하게 되면 생활이 걸려 있으니까 더 적극적이 되죠. 그래서 앞으로는 남녀 모두 결혼 전에 한 번쯤은 혼자 살아보는 게 필요하다고 생각해요. 여자뿐 아니라 남자도 자기 주변 일은 자기가 하고, 식사도 스스로 만들어 먹고, 자신의 고독도 자기가 확실히 떠맡고 살아야 해요. 그렇게 혼자 살아봐야 비로소 누군가에게 도움을 받고, 누군가와 함께 산다는 것이 당연한 일이 아니라 고마워해야 할 일이라는 걸 알 수 있지 않겠어요. 인생 80년 시대에는 부부 관계도, 부모 자식 관계도 60년이란 긴 세월에 걸쳐 계속돼요. 이런 시대에는 가족 구성원이 각자 독립적 감각을 가지고 혼자 힘으로 살 수 있는 능력이 있으면서 서로 돕고 살아야지 그렇지 않으면 짐이 될 수 있다고 생각해요. 혼자 살 수 있는 능력을 갖추는 것이 앞으로 다가올 시대의 기본적 삶의 방식이 아닐까 싶어요. 여러 사람의 사는 모습, 특히 어머니나 아버지를 보며 절실히 느끼고 있어요."

독립적 감각이라는 말이 신선하게 다가왔다. 바로 이것이 인생 80년 시대에 있어서의 삶의 본질을 정확히 나타낸 표현이 아닐까.

일찍이 남편은 돈을 벌고 아내는 집을 지키는 식으로 서로의 부족한 점을 보충하는 것이 전형적인 결혼의 형태였다. 하지만 이제 세월이 바뀌면서 남편은 정년퇴직 후의 세월이 너무 길다. 하물며 여자는 아이들이 자립한 뒤의 세월이 3~40여 년에 이른다. 이미 자신들의 조부모나 부모처럼 단순히 서로의 부족한 점을 메우는 형태로는 살아갈 수 없는 것이 현실이다.

훌륭한 남편이 있든, 자랑할 만한 아이가 있든 상관없이 가족은 각자 독립적 감각으로 살아가야 한다. 그것은 특히 여성에게 있어 앞으로의 인생을 좌우하는 큰 영향력을 가질 것이다.

독립을 하고 난 뒤 그녀는 인간으로서, 직업인으로서 눈부시게 성장했다. 부모의 맹렬한 반대를 무릅쓰고 독립한 만큼 뒤로 물러날 수 없다, 조금이라도 중요한 직무를 맡고 조금이라도 많은 월급을 받지 않으면 여유 있는 문화생활을 즐길 수 없다는 생각으로 그녀는 누구보다 열심히 일했다. 동시통역 학원에 다니게 된 것도 이 무렵이다.

"의료 기구 회사인 만큼 국제 의학 회의에 참석할 일이 잦았어요. 그런데 그때마다 동시통역사가 적어 회의에 지장을 받고 있었어요. 내가 동시통역을 배워서 한번 해 보면 어떨까 싶었어요. 옛날 같으면 감히 엄두도 못 냈을 거예요. 하지만 인간이 하는 일에 절대 못할 일은 없더라고요. 그래서 저는 '절대'라는 말은 쓰지 않기로 했어요. 물론 해도 안 되는 일이 있겠죠. 하지만 전혀 못하는 것보다는 조금이라도 하다 보면 인생은 지금보다 즐거워질 거예요. 앞으로는 중국과의 무역이 활발해질 것 같아서 2년 전부터 중국어 학원에 다니고 있어요."

그녀는 꾸밈없이 말했다. 자신의 이름으로 결과에 책임을 지고, 자신은 어떤 사람이며 무엇을 할 수 있는지 정확하게 자기평가를 내릴 수 있기 때문일 것이다. 그녀는 있는 그대로의 자신을 보여주며 어깨의 힘을 빼고 활기차게 살아가고 있다.

자신이 가지고 있는 무한한 가능성을 믿고 끊임없이 자기 계발을 위해 노력하는 인간 특유의 여유가 바로 어깨의 힘을 빼게 만들고 있는 것이다.

여성이여
야망을 가져라

인간은 날 때도 죽을 때도 혼자

앞서 소개한 두 여성, 어머니와 같은 전철을 밟고 싶지 않다던 여자와 독신으로 살아가고 있는 여자의 결정적인 차이는 독립적 감각을 길렀느냐, 그렇지 않느냐에 있다.

전자는 결혼과 출산을 인생의 목표로 여기고, 남편이나 아이에게 맞춰 살아갈 수 있다고 믿어온 것이 인생에 있어 최대의 실수였다.

인생 중반에 들어서자 양쪽의 차이가 확연히 드러나는 것은 이 시기가 본격적으로 독립적 감각을 가지고 살기를 요구받는 인생 최대의 분기점이기 때문이다.

결혼해 아이를 낳고 자녀 양육기를 지나 인생 중반을 맞으면, 싫든 좋든 누구누구의 엄마라는 '의'를 빼고 자기 이름을 가진 개인으로 살아갈 수밖에 없는 나이가 된다. 그러므로 그때가 되면 독립적 감각이 몸에 밴 여자와 가족애의 편안함에 매몰되어 '인간은 날 때도 죽을 때도 혼자'라는 독립적 감각을 완전히 무시한 채 살아온 여자의 차이가 뚜렷이 드러난다.

어머니의 전철을 밟고 싶지 않다던 그녀도 그전까지는 다분히 아이와 일체가 되어 고독을 모르고 살아올 수 있었으리라. 아이는 내가 없으면 안 되며, 나는 아이에게 꼭 필요한 사람이라는 뿌듯함과 동시에 인정받고 있음에 충만감을 듬뿍 맛보며 살았을 것이다.

남녀노소를 불문하고 기왕 태어난 바에 인간으로서 성실하게 인정받고, 살아 있는 한 쓸모 있는 사람이 되고 싶어 하는 것은 인간의 소박하고 근원적인 욕구다. 오랜 세월에 걸쳐 남자는 직업을 통해, 여자는 아이를 통해 인간의 근원적 욕구를 채운다고 여겨 왔다.

예로부터 아버지와 어머니를 비교했을 때, 어머니 쪽이 아버지보다 아이의 성장에 따라 시선이 올라가기 힘들다고 한다. 생활 방식, 사고 여하에 따라 다르지만 자칫 6세쯤 시선이 멈춰 버리는 수도 있다. 어머니의 시선이 멈춘다는 말은, 자녀가 성장하고 있음에도 자신의 시선에 맞춰 아이를 유아기의 상태로 보는 것이다.

이 같은 현상은 분명 옛날 어머니들이 더 심했을 것이다. 20여 년 전까지만 해도 아이를 낳은 여자가 뭔가 자신이 원하는 일을 하려고 하면 남편조차 "아이 딸린 여자가 뭘 하느냐."며 나쁜 어머니의 본보기처럼 취급했다. 오로지 어머니로만 살라는 사회적 규제가 강했던 만큼 어머니의 시선이 쉽사리 6세쯤에서 멈췄을 것이다.

하지만 평균 자녀수가 5~6명이던 시절에는 어머니의 시선이 6세에서 멈춰도 결코 한 아이에게 고정되는 일은 없었다. 먼저 태어난 아이는 차례대로 그 시선을 통과해 무리 없이 어른이 되는 과정을 밟아갈 수 있었다. 다만 막내는 기회를 놓치고 아이 같은 어른이 되는 경우도 종종 있었다.

평균 자녀 수가 1.5명으로 격감한 현재는 대부분의 아이가 일찍이 기회를 놓친 막내와 같은 입장에 놓인 탓인지 어른이 되다 만 어른, 아이 같은 어른이 대량으로 등장하고 있다. 그렇다면 도대체 왜 어머니의 시선이 6세에서 멈추는 것일까?

의사의 말에 의하면, 인간은 미성숙의 상태로 이 세상에 태어난다고 한다. 개나 고양이 또는 코끼리나 사자 같은 포유류는 태어나는 고통에서 회복되면 곧바로 비틀거리며 일어나 혼자 힘으로 어미의 젖을 먹기 위해 맹렬히 달라붙는다. 또한 무서운 대상을 만나면 흠칫거리며 내뺄 태세를 취한다. 인간이 그 정도로 성숙해서 태어나려면 지금보다 3배의 시간은 더 어머니 배 속에 있어야 한다.

이렇듯 인간은 포유류 중에서 완전한 미성숙의 상태로 태어나기 때문에 한 사람 몫을 하는 인간이 되기까지는 6년 정도의 시간이 필요하고, 다른 동물에 비해 훨씬 더 많은 공이 들어간다. 따라서 갓 태어난 상태로 인간 사회에서 혼자 살 수 없는 인간은 그로 인해 자신을 지켜줄 누군가를 필요로 하고, 으레 그 역할은 어머니가 맡게 된다.

그러므로 아이가 6세가 되기까지 모자 관계에서 어머니는 아이에게 절대적인 인정을 받는다. 어머니는 아이에게서 인간의 근원적 욕구를 채우고 있으므로 그 관계 안에서는 여자로 태어난 데 대해 뿌듯한 나날을 보낼 수 있는 것이다.

독립적 감각의 유무는 어머니 인생만의 문제가 아니다

이런 뿌듯함에 도취되어 어느새 무의식중에 시선이 6세에서 멈춰 버리는 것이다. 아버지의 경우는 아이 외에도 직업이라는 근원적 욕구를 채워줄 수단이 있으므로 어머니보다는 시선이 올라가기 쉬운 상황에 있다. 그러나 일밖에 모르는 경우, 아이로부터 시선이 벗어나 있는 아버지가 많다. 그만큼 또 어머니의 시선이 고정되기 때문에 점점 더 시선이 내려가는 것이 현 실정이다.

그러나 어머니들은 한결같이 자녀를 자립심 있는 아이로 키우고 싶다고 말한다. 자립심은 지극히 추상적인 것으로 이것을 기르기 위해서는 구체적인 행위나 행동을 쌓아나가지 않으면 안 된다. 하지만 요즘의 젊은 엄마들은 그것을 너무 쉽게 생각하는 경향이 있다.

인간 사회에서 혼자 살아갈 수 없는 유아는 육체와 정신 모두를 어머니에게 의지한다. 자립심의 첫걸음은 어머니에게 완전히 기대고 있는 아이의 육체를 혼자 설 수 있게 해주는 데서 시작된다.

구체적으로 말하면 아무리 시간이 걸리더라도 배설과 먹는 일을 스스로 할 수 있게 가르친다. 아울러 옷을 벗고 입는 것을 혼자 하게 하고, 놀고 난 다음 뒷정리도 스스로 하게 만든다. 그리고 점차 집안일도 조금씩 돕게 하면서 자기 일을 알아서 할 수 있도록 가르친다. 이렇게 자고, 일어나고, 먹고, 생활하는 자기 주변의 잡다한 일을 알아서 할 수 있게 되면 아이는 어머니에게 기대지 않고도 살아갈 수 있다.

남에게 의지하는 부분이 적어지면 그만큼 여유가 생겨, 유치원에 가서 친구를 돕거나 감싸주며 적극적으로 친구들을 대하게 될 것이다. 그러다 보면 친구가 많아지고, 그 친구들과 어울리며 자연히 어머니에게 등을 돌리게 된다.

끌어안고 정면으로 마주 보던 아이가 등을 돌리기 시작하면 어머니는 자신의 근원적 욕구를 채워주던 아이가 떨어져 나간다는 상실감으로 허전함이 깊어질 것이다.

여기서 간과해서는 안 될 것이 있다. 되도록 아이의 자립을 늦추고, 모자 관계 속에서 근원적 욕구를 채우며 살아가고 싶은 간절함 때문에 일부러 아이를 과잉보호해 완전한 어른으로 만들지 못하는 자녀 양육은 대단히 위험하다는 것이다.

그러나 현대만큼 어머니가 아이에게 집착하는 시대는 없을 듯하다. 대학 합격자 발표일에 모자가 서로 껴안고 기뻐하는 모습이 해마다 텔레비전으로 방영되는데 이것만큼 볼썽사나운 풍경도 없다. 선거권을 18세로 낮추자는 주장까지 나올 만큼 아이는 외양적으로 여지없는 성인이다. 대학 입시 결과야 당연히 아이가 떠맡아야 할 일인데도 마치 어린애라도 되는 양 모자가 일체가 되어 기뻐하고 한탄한다. 이런 상태라면 영원히 자신이 한 일의 책임을 지지 못하는 젊은이가 늘어나는 것은 당연한 일이다.

언제까지고 아이에게 필요한 사람이 되고 싶고, 그 애들을 통해 평가받으며 살고 싶은가. 그렇다면 그 아이들을 마냥 아이로 묶어두어야 할 것이다. 그렇게 되면 그건 어머니 자신만을 위한 일이다, 아이에게는 전혀 도움이 되지 않는. 허나 많은 여성들은 그것을 깨닫지 못하고 있다.

따라서 자신의 독립적 감각을 기르는 것은 단순히 어머니 인생만의 문제가 아니다. 아이의 인생과도 깊이 관련이 되어 있다.

나의 인생 연표 만들기

자신의 내면을 더듬어가는 자아 찾기 여행

자신감을 가지고 살아가려면 대체 무엇을 어떻게 해야 할까? 우선 진정한 나와 마주하기 위해 자신의 인생 연표를 만들어보기를 권한다.

한 문화센터에서 '인생 역사' 기록하기 강좌를 2년간 맡아왔다. 내면을 더듬어가는 가장 효과적인 자아 찾기 방법은 자기의 역사를 꾸준히 써나가는 일이다. 그러나 한 발짝 떨어져서 자신의 역사를 적는 일은 결코 쉬운 일이 아니다. 그렇기에 상세한 자신의 역사를 쓰기에 앞서 우선 연표를 작성한다.

원고지도 좋고, 편지지도 좋다. 종이를 4단으로 나누고, 맨 위에 날짜를 기입한다. 둘째 단은 자기 자신과 관련한 일, 셋째 단은 국내에서 일어난 일, 넷째 단은 국외에서 일어난 일을 쓴다. 다 쓴 종이를 풀로 붙여 돌돌 말아두면 그야말로 보기 쉬운 인생 연표가 완성된다.

나는 그중에서도 특히 자신에게 관련된 일을 되도록 구체적으로 적게 하고 있었다.

“어린 시절에 받은 상이나, 학급에서 맡았던 직책, 공부했던 것들을 빠짐없이 써주세요. 어른이 되면 뭐가 되고 싶었는지도요. 사랑이나 실연 같은 연애담도 잊지 마세요. 어떤 사소한 일도 좋습니다. 자신과 관계된 일은 모두 꼼꼼하게 기입해 주세요.”

이 강좌의 정원은 서른 명이다. 서른 명의 연표를 훑어보면 서른 가지의 고유한 인생이 드러난다. 그런데 대개 그들의 고유한 인생에는 두 가지 공통분모가 있다.

첫째, 처녀 시절에는 순전히 자기 자신과 관련된 일이 구체적으로 적혀 있지만 결혼 뒤에는 자신에 대한 일은 거의 자취를 감춘다. 대신 가족, 특히 아이와 관련한 일이 가득 찬다. 몇 년, 몇 월에 자녀를 낳았고 그 아이들을 키운 역사가 자리하고 있는 것이다. 그 사이사이에는 '몇 년, 몇 월 승진, 몇 년 몇 월 전근' 등과 같이 남편의 직업 연표가 적혀 있다.

둘째, 자녀가 성장함에 따라 기재 사항이 대폭 줄어든다. 강좌 수강생의 평균연령은 49세로, 자녀는 대부분 자립한 상태다. 개중에는 자녀의 결혼으로 연표를 끝마친 사람도 있었다. 날짜를 보니 자녀의 결혼은 3년 전 치러졌다. 그녀의 나이는 56세. 앞으로 별일이 없다면 20여 년의 세월이 남은 셈인데, 이 여자는 나머지 그 시간을 백지 상태로 살겠구나 싶어 가슴이 답답해졌다.

총 10회의 강좌 중 2회분은 자신이 작성한 연표에 대해 소감과 의견을 나누는 시간으로 구성된다.

"제가 작성한 연표를 보다가 저도 모르게 소리를 질렀어요. 결혼 전까지만 해도 제 자신이 했던 일, 생각했던 일이 적혀 있는데 결혼 후에는 마치 저는 연기처럼 사라지고 모두 아이나 남편에 대한 일뿐이에요. 나 자신은 어디에도 존재하지 않고, 단지 아이나 남편에 의해 이루어진 나밖에 없다는 사실을 지금껏 전혀 모르고 살았어요. 이래선 안 되겠다는 생각이 드네요. '아이가 독립해 내 곁에 없다 해도 나는 살아야 한다, 혹여 남편이 먼저 가더라도 나는 여전히 살아야 한다. 나는 내가 하고 싶고, 내가 생각한 일이 가득한 삶을 살아야겠다'는 생각을 했어요. 새삼 제 인생에 대해 되묻는 계기가 되었어요. 이제 나 자신이 없는 내 삶은 싫어요. 내게도 두 발이 있으니 이제 나는 내 두 발로 당당히 살아갈 거예요."

서른다섯의 최연소 수강자가 당차게 자신의 포부를 이야기했다. 그녀는 하나뿐인 딸아이가 중학교에 입학하자, 자신의 새 인생을 찾고 싶어 이 강좌를 신청했다고 말했다.

현재 나는 어떤 상황에 놓여 있는가

"그러고 보니 나도 그러네."

최연소 수강자의 말이 끝나자마자 여기저기서 목소리가 잇따랐다. 그들의 목소리를 들으며 나는 내심 빙그레 웃고 있었다. 사실은 이런 주부들의 상황을 수강자 개개인에게 확인시켜 주고자 인생 연표를 작성하게 한 것이다.

진정한 나와 만나기 위해서는 현재 자신이 어떤 상황에 놓여 있는지를 확인하는 것부터 시작해야 한다. 인생 연표는 자신을 확인하는 최고의 자료가 되기에 충분하다. 또한 자기 확인뿐 아니라 자신감 결핍증에 특효약이 될 수 있다.

사람들은 인생 연표를 보며 어린 시절, 처녀 시절의 자신을 떠올린다. 예전 그 시절 나는 얼마나 다양한 일을 했던가 하며. 그림을 잘 그렸던 사람도 있고, 달리기를 잘했던 사람도 있다. 변호사를 꿈꾸던 사람도 있고, 디자이너가 되고 싶었던 사람도 있다.

그렇게 사람들은 자신을 알아간다. '나는 아무것도 할 수 없는 사람이 아니라 뭔가 할 수 있는 충분한 가능성을 가지고 있다, 오랜 세월 그 뜻을 접어두고 살다보니 퇴화한 것에 불과하다.' 그리고 그들은 마침내 자신이 무엇을 하고 싶었는지를 기억해낸다.

'인생 역사' 강좌의 마지막 수업은 자기소개가 아닌 자기

PR로 진행된다. 일종의 자기평가 훈련으로, 인생 연표를 차분히 훑어보면서 자신이 할 수 있는 일을 기록해 한 사람당 3분씩 자기 PR을 하는 것이다.

자기소개는 첫 수업에 이루어진다. 대개 수강생들의 자기소개는 100퍼센트 자기 비하가 서두를 장식한다.

"저는 그냥 주부입니다."

"아무것도 몰라서 좀 배우려고 신청했어요."

이런 틀에 박힌 인사가 줄줄 잇는다. 하지만 마지막 날 자기 PR을 할 때는 전혀 다른 상황이 벌어진다. 누가 먼저랄 것도 없이 활기찬 목소리로 말한다.

"나는 이런 것도 할 수 있고, 저런 것도 할 수 있어요. 앞으로는 이런 일을 하고 싶습니다."

유머까지 섞어가며 이야기한다. 그때마다 수강자들 사이에서는 우르르 박수가 쏟아진다.

"스스로도 놀라고 있어요. 나도 정말 이렇게 일할 수 있는 사람이었구나 싶어서요. 저는 아직 좀 더 갈고닦아야 할 옥석입니다. 그간 10년 정도 닦기를 게을리했으니 지금은 다소 때가 끼어 있어요. 하지만 이제부터라도 잘만 닦으면 눈부시게 빛날 거예요. 저는 직장 다닐 때 세공을 배웠어요. 브로치나 반지도 몇 개 만든 적이 있는데, 그때 만들었던 걸 한번 찾아서 꺼내봤어요. 제가 만든 건데도 어쩜 그리 잘 만들었는지 한참을 들여다봤습니다. 저는 다시 그 일을 시작해 보려고 해요. 지금부터 해도 앞으로 40년은 시간이 있으니까 아마도 그 세월이라면 세계적 디자이너도 넘볼 수 있지 않을까요? 실은 어제 세공반 수강 신청을 하고 왔습니다. 앞으로 10년 뒤에는 개인전을 열고 싶어요. 그때 여러분을 꼭 초대할 테니 저를 보러와 주세요."

지금 나는 그녀가 만들어준 커다란 호박 반지를 끼고 있다. 2년 뒤 다시 만난 그녀는 인생 역사 강좌 당시 작성한 인생 연표를 여전히 적어가고 있다고 말했다. 최근 2년의 연표에는 남편과 아이의 기록이 아닌 자신의 일상이 빼곡히 담겨 있다고 했다. 그녀는 이듬해 동료 다섯 명과 5인전을 열 계획이라고 한다.

나의 인생을 바꿀 사람은 오직 나

길을 잘못 들었다면 다시 바른 길로 가면 된다

'자아 찾기'를 위해 나를 찾는 상담자에게도 '인생 역사 연표 만들기' 숙제를 내주곤 한다. 어떤 효용이 있는지, 어떤 요령으로 작성하는지 상세히 설명을 듣고 그들은 잘 알았다는 얼굴로 고개를 끄덕이고 돌아가지만 실제로 숙제를 해오는 사람은 전체의 6분의 1 정도이고, 나머지는 깜깜무소식이다.

다소라도 인연 있는 사람은 소식이 궁금해 나도 모르게 전화기로 손이 가기도 하지만 이내 거둬들인다. 그 사람의 인생은 자신만의 것이고, 인생을 바꾸는 것도 그의 몫이라는 철칙이 머리를 스치기 때문이다.

지금껏 살아온 삶을 바꾸려면 에너지나 노력이 필요하다. 아무런 투자 없이 단지 남에게 의지하는 것만으로 인생을 바꾸고 싶어 하는 사람을 보면 나도 모르게 은근히 화가 난다. 그런 사람이야말로 인생을 너무 얕보고 있는 게 아닌가 싶다.

소식이 없는 여자들 중에는 "어떻게든 해야지."라는 말을 변명 대신 쓰는 사람도 적지 않다. 남편이나 아이에게 의존하며 사는 편안함에 푹 빠져 지내면서도 그렇지 않은 척 다른 사람에게는 "어떻게든 해야지."라고 끊임없이 말하는 것이다. 혹은 그렇게 말함으로써 자신의 상황에 정당성을 부여한다. 그런 사람과 대화를 하다 보면 그의 변명을 듣기 위해 나의 소중한 시간을 빼앗기고 있는 듯한 기분이 든다.

숙제를 해오는 여자들은 자아 찾기에 진지하게 몰두한다. 부모, 학교 때 교사, 동창, 직장 시절의 상사나 친구에게 자신에 관해 물어가며 아리송한 기억을 정정해 놀랄 만큼 상세한 인생 역사 연표를 작성한 사람도 있었다.

평범한 직장인 남편의 아내이자, 두 딸을 둔 어머니인 한 여자가 찾아왔다. 그녀는 고등학교를 졸업하고 5년간 출판사 경리과에서 근무하다가 중매로 결혼했다고 한다. 그녀는 '인생 역사 연표'를 쓰고 나서 내게 이런 말을 했다.

"숙제 덕분에 네 가지 사실을 발견했어요. 첫째는, 처녀 시절과 결혼 후 쓸거리가 다르다는 거예요. 둘째는, 알고 보니 제 자신이 다양한 일을 할 수 있는 사람이었다는 거예요. 셋째는, 제대로 표현하기는 힘들지만…… 저는 지금껏 과거는 단지 추억에 지나지 않는다고 생각했어요. 그래서 인생 역사 연표를 만들어보라는 말에 먼저 거부감이 들었어요. 이제부터 적극적으로 살고 싶어 하는 사람에게 왜 추억을 되살리라고 하는지 말이죠. 저더러 지금보다 더 소극적이 되라는 건가 싶기도 하고.

당장 숨 막히는 현실에서 벗어나고 싶고, 뭔가 구체적인 행동을 하고 싶어서 여하튼 '인생 역사 연표'를 한 달간 만들어봤어요. 그걸 몇 번이나 훑어보는데 문득 알겠더라고요. 과거는 단순한 추억이 아니라, 어디서 어떻게 길을 잘못 들었는지 그 사실을 알기 위한 자료라는 걸 말이죠.

길을 잘못 들었다는 걸 알면 다시 그 지점으로 돌아가 바른 길로 걸어가면 되는 거였어요. 어디서부터 잘못되었는지 모른다면 다시 돌아가는 것조차 불가능하겠죠.

잘못된 길을 되돌리는 일이 과연 지금의 내게 있어 가능할까 싶은 생각도 들지만, 지금까지의 날보다 앞으로 더 많은 날이 내게 남아 있음을 알아요."

노력과 고생이 있으므로 인생은 즐겁다

그녀의 이야기를 듣고 있다 보니 수학 학원 강사로 일하고 있는 한 친구의 이야기가 떠올랐다.

친구가 근무하고 있는 학원은 학교 수업을 제대로 따라가지 못하는, 아니 따라가지 못할 수밖에 없는 중학생을 대상으로 하고 있다. 수학 시간에 늘 뒤처져 있는 아이들이 있는데 그 아이들이 이런 상황에 처하기까지는 반드시 어디선가 걸려 넘어진 것이다. 즉, 잘못된 길로 들어선 것인데 어디서부터 잘못되었는지 모르는 채 그저 앞으로 나가다 보니 어느새 수업에서 완전히 동떨어지게 된 것이다.

친구는 중학생 아이들에게 우선 초등학교 4학년 수학 교과서 문제를 풀게 한다. 개중에는 그 문제도 풀지 못하는 아이도 있다. 그럼 그 아이들에게는 더 쉬운 문제가 주어진다.

이처럼 과거로 거슬러 올라가 문제를 풀게 함으로써 그 아이가 잘못 들어선 지점을 찾게 되면 다시 거기서부터 시작해 차분히 가르쳐 나가는 것이다. 그렇게 한 단계씩 새롭게 시작해보면 그 아이는 자기 학년에 맞는 문제를 풀 수 있게 된다.

인생 문제도 수학 문제와 다르지 않다. 과거로 거슬러 올라가 검증해보면 자신이 어디에서 길을 잘못 들었는지 알 수 있다. 잘못된 곳을 알면 그때로 돌아가 제대로 된 길을 걸어가면 된다.

이미 나이를 너무 많이 먹어서 다시 출발하기가 힘들다? 현시대의 평균 기대수명은 이미 80세를 넘어섰다. 자신에게 남은 세월을, 자신의 모습을 다시 보라. 아직 충분한 기력도, 체력도 분명 남아 있다.

"넷째는, 과거의 추억이라는 것이 꽤 미화된다는 생각을 했어요. 현 상황이 불만이니 나도 모르게 '예전 그 시절은 참 좋았는데.' 하면서 남편에게 원망 비슷한 마음을 품었어요. 그런데 여러 사람을 만나서 나와 관련한 갖가지 과거 에피소드를 듣다 보니 '아, 그때 그 시절에도 좋은 일만 있었던 건 아니었구나. 기억하고 싶지 않은 나쁜 일도 분명 있었어.' 하고 알게 되었어요.

앞으로도 내게 맞는 인생을 살기 위해서는 싫은 일도 마다해서는 안 되겠죠. 노력이나 고생은 늘 따라붙기 마련이고 인생에는 좋은 일만 있는 게 아니니까요. 싫은 일이 있었기에 뒤따라온 좋은 일이 더욱 돋보인다는 걸 확실히 알게 되었어요. 이제 새로운 일에 도전하는 게 두렵지 않아요."

'인생에는 좋은 일만 있는 게 아니다. 싫은 일이 있음으로 해서 좋은 일이 더 돋보인다'는 말은 확실히 명언이다. 이 명언의 의미를 정확히 알게 되면, 새로운 일을 시작할 때 부정적인 생각보다 긍정의 마음을 앞세울 수 있다.

6년 후, 요즘 그녀는 공인회계사 사무실에서 일하고 있다. 인생 역사 연표를 작성하면서 재회한 옛 직장 상사가 그녀에게 이런 말을 했다고 한다.

"셈이 아주 빨랐었지. 단 한 번도 실수하는 걸 본 적이 없었던 것 같아. 결혼하면서 회사 그만둔다고 했을 때 내심 서운했어. 축하한다고는 했지만 되도록 함께 일했으면 하는 마음이었지."

그녀는 옛 상사의 말에 자극을 받고, 공인회계사 학원에 다녀 멋지게 자격증을 취득했다. 나를 찾은 상담자 중에서도 단연 우등생이다.

그녀처럼 누구든 단번에 일어설 수는 없다. 대개는 단계를 거쳐 차차 변신을 이루어간다.

최후에 웃는 자가 이긴다

인생은 마라톤이다

'어떻게든 해야지'라는 생각이 누구보다 강한 평범한 여성이 있다. 신중하다고 할까, 겁이 많다고 할까. 그녀는 마치 등딱지 밖으로 잠시 고개를 내밀어 주변을 쓱 둘러보고는 안전하다 싶으면 조금 앞으로 나가고, 위험하다 싶으면 재빨리 고개를 안으로 묻는 거북이 같았다.

그러나 인생은 그야말로 마라톤. 순발력 있는 토끼보다는 지구력 있는 거북이 쪽이 결국 승리를 거두는 것이 인생 80년 시대를 사는 요령이다.

그녀는 아마도 자신에게 '최후에 웃는 자가 이기는 거야.'라고 수없이 격려했을 것이다. 사실 이 말은 나 자신의 처세술이기도 하다.

나 역시 거북이형 인간이다. 진저리 쳐질 만큼 일 하나를 성취하는 데 오랜 세월이 걸린다. 그러나 토끼형 친구보다는 거북이형인 내가 결국 먼저 골인 지점에 들어가는 경우가 많았다. 출발 지점에서 토끼형 친구는 야단법석을 떨며 저 멀리 시야에서 사라지지만 중간 지점에 이르면 이미 녹초가 되어 있다. 그래서 나는 뒤처진다는 생각에 애가 타 초조해질 때마다 '최후에 웃는 자가 이기는 거야.'라고 스스로를 위로한다.

거북이 같은 그녀가 인생 연표를 작성하고 자기 확인에 도달하기까지는 꼬박 1년이 걸렸다. 그녀는 나를 만날 때마다 풀이 죽은 얼굴로 "저는 정말 평범한 아이라서 별달리 눈에 띌 만한 뭔가를 했던 기억이 없어요."라고 중얼거렸는데 확실히 그녀의 인생 연표에는 뭔가 특별히 써넣은 것도 없고, 주목을 받았던 일도 적혀 있지 않았다.

그녀의 장래의 꿈은 좋은 아내, 좋은 어머니가 되는 것이었다. 그 꿈을 이룬 지는 이미 오래. 아들과 딸을 자립심 있는 아이로 키워 이미 자녀의 뒷모습을 바라보는 쓸쓸함을 톡톡히 맛보고 있었다.

그녀는 생각이 깊은 만큼 아이의 자립으로 인해 마음의 공허, 인생의 공허로 이어지는 삶을 사는 것은 바람직하지 않음을 절실히 느끼고 있었다.

"아이의 인생은 아이의 인생이고, 남편의 인생은 남편의 인생이죠. 그렇다면 나 자신도 내 인생이라 할 수 있는 걸 만들어야 한다고 진지하게 생각하기 시작했어요."

하지만 막상 그렇게 하려고 해도, 지금까지 보조 역할만 해온 사람이 갑자기 주역을 맡는 단계에 이르자 망설임만 앞서게 되어 나를 찾은 것이다.

그녀는 인생 연표를 작성함으로써 현재 자신이 놓인 상황에 대해 충분히 파악하고 있었다. 그런 만큼 그 상황에서 벗어나는 데 진지했다고 할 수 있다. 다만 과거를 아무리 살펴봐도 뭔가 성취했던 사실을 찾을 수 없었기에 과연 지금의 나이에 뭘 할 수 있을지 회의감에 빠져 등딱지 속에 고개를 처박고 있었던 것이다.

그녀가 나를 다섯 번째 찾은 날의 일이다. 그날 우리 집에는 79세의 나이에 베토벤 9번 교향곡을 연습하고 있는 내 친구가 와 있었다. 지역 합창단 단원인 친구는 매해 연말에 초등학교 강당에서 9번 교향곡을 발표하고 있었다.

"배의 힘으로 힘껏 발성해 노래하고 있으면 등줄기가 쭉 펴지고, 어느새 나이도 잊어버려요. 노래를 마친 뒤 받는 박수소리는 정말 최고예요. 난 아직 버려진 게 아니구나 싶고, 살아 있다는 기쁨에 온몸이 짜릿해요."

친구의 이야기를 듣고 있던 그녀의 눈이 빛나기 시작했다.

"까마득히 잊고 살았는데, 실은 고등학교 때 합창단에 있었어요."

이미지 훈련으로 자신 결핍증에서 탈출하다

그녀는 합창단에서 메조소프라노를 맡았노라 말했다. 미션스쿨을 다녔던 터라 매년 크리스마스가 되면 합창단은 학교 강당에서 '할렐루야'를 부르는 것이 정례 행사로 예정되어 있었다고 한다. 단원 모두 흰 블라우스에 검정색 긴 드레스를 입었고, 노래가 끝나면 터질 듯한 박수가 강당 가득 울려 퍼졌다고 한다.

"뛰어난 재능이 있었군요. 타고난 미성으로 사람들의 마음에 기쁨을 주었잖아요. 성공해서 많은 사람들에게 큰 박수를 받는 거예요! 그때의 모습을 계속 상상해 보세요. 그렇게 해서 성공 이미지를 내 것으로 만드는 거예요. '이미지 트레이닝'이라고 하죠. 뭔가 시작할 때 그때의 성공 이미지를 그리다 보면 '잘 안 되면 어쩌나.' 하는 마이너스 이미지가 어느새 '그래, 반드시 성공할 거야.'라는 플러스 이미지로 변화되죠. 기억을 새롭게 해서 성공 이미지를 체질화하는 것이 당신의 두 번째 단계예요. 그렇게 도약한 다음이 스텝 단계. 그것이 가능하면 반드시 점프할 수 있을 거예요."

고등학교 야구부 선수들도 이 같은 이미지 트레이닝을 받고 있다고 한다. 시합에서 승리했을 때의 경기 장면이 담긴 비디오를 되풀이해 보면서 그 이미지를 주입하면 본 시할 때도 냉정해질 수 있다고 한다. 프로야구의 투수도 등판 전야에는 승리한 시합 때의 이미지를 끊임없이 상상한다는 말을 들은 기억이 있다.

그녀는 곧 이미지 트레이닝을 시작했다. 고교 시절 합창부에 있을 때 받았던 당시의 박수소리를 되살리고, 그 소리에 발그스름해진 자신의 얼굴을 떠올리고, 당당하게 가슴을 쭉 편 자기 모습을 상상하며 성공 이미지를 만들어나갔다. 그녀는 절대 실패할 리 없다고 자기 암시를 하며 확신을 심어나갔다.

꼭 반년간 이미지 트레이닝을 하며 성공 이미지를 그려가는 동안 어느새 자신 결핍증에서 벗어났던 것일까. 그녀가 용기를 내서 육성회 합창단에 들어간 것은 나를 찾아온 지 1년 반 뒤의 일이었다. 그 후 그녀는 합창단 활동을 통해 힘껏 노래를 부르고, 사람들로부터 박수갈채를 받으며 긴장감 가득 찬 하루하루를 살면서 자신감과 자신의 가능성을 더욱 확신하게 되었다. 그리고 그녀는 그 마음가짐을 가지고 보험회사에 취직해 제 몫을 톡톡히 해내고 있다.

"남편이 무척 놀란 눈치예요. 남 앞에서 말 한마디 제대로 못하던 사람이 어쩐 일이냐고 하더라고요. 누구보다 가장 놀라고 있는 건 바로 제 자신이에요. 전에는 뭘 해도 잘못되지 않을까 두려웠는데 지금은 긍정적으로 생각해요. '실패는 성공의 어머니다' 생각하고 도전하는 저를 보고 있으면 인간의 가능성은 끝이 없구나 싶어 가슴이 뭉클해져요. 이대로 가면 60살이 되든 70살이 되든 그때도 뭔가 새로운 일을 시작하고 있지 않을까 싶어요. 진정한 인생의 점프는 사실 60살이 넘어야 할지도 모르겠어요. 그렇게 이어질 수 있다면 최고의 인생이 아닐까요."

활기차게 현역으로 살고 있는 6~70대의 행적을 살펴보면 대개 그들은 인생에 있어 도약의 시기를 거쳐 60대에 이르러 멋지게 날아오른다.

도약의 시기는 멋진 노년으로 가는 등용문과 같다. 지금 이 순간 우리는 온 힘을 다해 뛰지 않으면 안 된다.

도전함으로써 인생은 단련된다

자신을 키우고 연마하기 위해

자기중심적으로 보일 만큼 자신에게 탐욕스런 시대를 보냈기에 남에게 도움을 주는 시대를 맞이할 수 있다는 말은 인생 80년 시대의 삶의 진수를 대변하고 있는 것이 아닐까. 인생 도약의 시대는 다시 말해 자신에 대해 탐욕스러운 시대다.

아이라는 묘목을 키워낸 시대를 거친 뒤의 10년은, 말라 죽어가고 있던 자신이라는 나무에 물을 뿌리고 영양을 주어 지면에 단단히 뿌리내리고 줄기를 살찌우는 자아 육성의 시대라 해도 좋을 것이다.

분명 그 시대, 그 나이밖에 할 수 없는 일, 빈 둥지 시대이기 때문에 할 수 있는 일, 아니 하지 않으면 안 될 일이 산더미처럼 있다. 그 일을 생략한다면 절대, 무슨 일이 있어도 그 사람은 거목으로서 우뚝 서는 자신의 미래를 그릴 수 없을 것이다.

높은 뜻을 갖고 사는 것이야말로 인생 최대의 기쁨

인생 최고의 롤모델을 찾아라

인간은 누구나 나이를 먹으며 살아간다. 현재 서른다섯인 사람도 10년이 지나면 마흔다섯, 20년이 지나면 쉰다섯에 이른다.

나는 내년에 환갑을 맞이하지만 정작 자신은 60년 가까이 살아온 것에 대해 전혀 실감하지 못한다. 다른 사람의 말을 듣거나 서류에 나이를 기재할 때 비로소 "어느새 내가 이렇게……."라고 놀라움 반, 당황 반의 감탄사를 내뱉는 것이 보통이다. 그리고 그때마다 세월이 유수 같다는 옛말을 떠올리곤 한다.

정말이지 세월은 활시위에서 벗어난 화살처럼 재빠르다. 어떤 일을 시작하려고 할 때 차일피일 미루다 보면 그야말로 시간이 눈 깜박할 사이에 흘러가고 만다. '아, 그때 이런 저런 일을 해뒀으면 좋았을걸.' 하고 후회하는 일이 얼마나 많은가.

'후회막급이다', '쇠뿔도 단김에 빼라', '사소한 일도 모두 전생의 인연에서 비롯된다', '급할수록 돌아가라', '실패는 성공의 어머니', '물은 낮은 데로 흐른다' 등 격언에는 깊은 뜻이 담긴 말이 많다. 옛 선인 중에는 인생의 달인이 많았던 것일까.

가끔 이런 말들을 중얼거리다 보면, 격언 사전을 생일 선물로 주었던 한 평론가 선생님이 떠오른다. 지금은 고인이 된 그분이 어느새 나타나 마치 내 등을 세차게 밀고 있는 듯한 기분이 들 때가 있다.

마흔셋의 나이에 당시 나의 최고 롤모델은 20년 연상의 대선배였다. 나는 그와 가까워지려고 노력함으로써 스스로를 한 발, 한 발 높은 곳으로 끌어올렸다. 자신이 앞으로

도달할 인생에 있어 모범이 될 만한 사람을 찾았을 때의 큰 행복은 이루 말할 수 없다.

"되도록 많은 사람과 사귀세요. 동년배뿐 아니라 세대가 다른 사람과도 기회를 만들어야 해요. 젊을 때는 자기도 모르게 나이의 벽을 만들어 세대가 다른 사람은 외면하는 경향이 있는데 그거야말로 복을 차버리는 일이죠. 특히 자신보다 윗세대와 어울리다 보면 당신 인생 최고의 롤모델을 만날 기회를 가질 수 있지요. 동경의 대상을 찾게 되면 자연히 그 사람처럼 되기 위해 노력하게 될 거예요. 반면 뜻이 낮은 사람을 만나다 보면 자신도 그런 사람이 되고 말지요. 물은 낮은 데로 흐른다는 말도 있잖아요."

나는 종종 상담자들에게 인생의 롤모델을 찾도록 권한다. 나 역시 동경의 대상을 통해 많은 것을 누린 경험이 있기 때문이다. 나의 최고의 롤모델이었던 평론가 선생님은 뜻을 높이 두고 사는 것이야말로 인생 최대의 기쁨이라는 것을 자신의 삶을 통해 몸소 가르쳐주었다.

인생의 롤모델을 선정하는 데 있어 현존하는 사람에 한정

할 필요는 없다. 다양한 사람의 자서전이나 전기를 읽음으로써 '나도 이렇게 살고 싶다', '이런 여성이 되고 싶다' 다짐하며 활기차게 살아가고 있는 상담자도 많다.

여러 여성의 라이프 스타일을 배우며 정보를 수집하고 그 중 자신에게 적합한 최상의 롤모델을 찾는 일은 인생 도약 시기에 있어 꼭 필요한 작업이다.

과정이 있으므로 결과가 있다

인생의 롤모델을 찾은 뒤에는 거기에 함정도 있다는 사실을 놓쳐서는 안 된다. 나도 함정에 걸려든 때가 있었다.

인생의 롤모델로 삼은 평론가 선생님의 존재에 압도되어 '이분의 위대함은 타고난 것이다. 그 발끝만이라도 쫓아가면 원이 없겠다'고 완전히 주눅 든 시기가 있었다.

"저는 도저히 선생님을 따라갈 수 없어요. 선생님은 정말 대단하세요."

콤플렉스에 짓눌린 채로 작게 중얼거리니 순간 선생님은 웃음을 터뜨렸다.

"지나친 과대평가 아닌가요. 기쁘기도 하고, 부끄럽기도 합니다. 하지만 지금도 나는 나의 무능함에 절망할 때가 있습니다. 만일 내가 당신보다 남 앞에서 좀 더 이야기를 잘하고, 글을 좀 잘 쓰고, 신중하게 생각할 수 있다면 그건 아마 당신보다 20년 이상 그 일들을 해왔기 때문일 거예요. 창피를 당하면 다음에는 좀 더 조리 있게 말하고, 좀 더 잘 쓰기 위해, 통찰력을 넓히기 위해 노력해 왔어요. 그런 20년을 보내고 지금의 내가 있는 겁니다. 정확히 따져 보면 40년이네요. 태어났을 때부터 내가 65세였던 건 아니니까요. 나에게도 10대가 있었고, 20대가 있었고, 25년 전에는 당신과 비슷한 나이였어요. 그 무렵의 나는 당신만큼 당당하지 못했죠. 딸아이는 내가 타인에게 너무 의존하려 한다며 비판을 했었어요. 나에게도 마흔세 살일 때가 있었다는 걸 잊지 말아요."

그야말로 눈이 번쩍 뜨인다는 건 바로 그때를 두고 하는 말이리라.

'그래, 그랬었구나. 선생님도 마흔세 살일 때가 있었어.'

이 일을 계기로 인생의 롤모델로부터 배우는 건 결과가 아닌 과정임을 깨달았다. 자신의 롤모델로부터 결과만을 구한다면 인간은 콤플렉스라는 함정에 빠진다는 것을 그분은 경솔한 후배에게 가르쳐주었던 것이다.

다소 부끄럽지만, 그때 선생님께 들은 것과 비슷한 내용의 이야기를 종종 다른 후배들에게 들려주고 있다. 완성된 인간처럼 비치는 나이에 도달한 것인지, 나를 동경의 대상으로 삼는 여성들이 종종 있다. 바로 얼마 전에도 그런 사람들과 만났었다.

어느 초등학교 육성회 강연장에서의 일이다. 끝나고 육성회 임원과의 간담회가 있었는데 거기서 어떤 사람이 내게 칭찬의 말을 늘어놓았다.

"정말 부러워요, 선생님. 어쩜 그렇게 사람들 앞에서 당당하게 이야기를 잘하세요. 강연 시간 2시간이 눈 깜박할 사이에 지나갔어요. 도중에 일어서는 사람도 한 명도 없던 걸요. 선생님은 화술을 타고나신 모양이에요. 저처럼 말재주 없는 사람은 그저 존경스러워요."

그것만으로도 얼굴이 화끈거릴 판인데, 또 한 사람이 거들었다.

“정말 넋을 잃고 들었어요. 평범한 저희 같은 사람과는 정말 다르세요. 저 같은 사람은 아마 가슴이 두근거려 10분도 강연을 이끌기 힘들 텐데 2시간을 전혀 지루하지 않게, 그러면서도 분명히 생각을 전하시더군요. 정말 대단하세요.”

도저히 침착할 수가 없어 당황해서 손까지 내저으며 더듬거리듯 말했다.

“천성적으로 말을 잘하다니요. 그건 정말 잘못 보신 겁니다. 저는 오히려 말을 잘 못하는 편이었어요. 벌써 수년이 지난 일이지만, 처음 강연을 할 때였어요. 너무 주눅 들어 머릿속이 새하얗게 돼버렸죠. 2시간 예정으로 나갔는데, 40분밖에 할 수 없었어요. 강의를 들으러 와주신 분들과 주최측에 사죄하고 또 사죄하고……. 그날 집에 가서 현관에 발을 들여놓자마자, 눌러 참았던 창피함과 제 자신에 대한 혐오가 그대로 폭발해 아이처럼 엉엉 울었어요.”

이야기를 마치자 모두 설마 하는 표정을 지으며 믿지 않는 눈치였지만, 내 이야기는 거짓 없는 사실이다.

자기에게 투자해야 미래의 인생이 열린다

좌절은 지혜를 낳는다

내가 처음 강연을 의뢰받은 건 서른여덟 살 때, 한 구청에서 들어온 것이었다.

"'미래를 위한 여성의 삶'이라는 주제로 강연 부탁합니다."

처음 의뢰를 받았을 때 하늘로 날아오를 듯 기뻤다. 12년간 근무한 회사를 나와 순전히 내 이름만 걸고 일하기 시작한 것이었다.

내 의사로 회사를 그만둔 건 아니었다. 그 무렵 나는 노동조합의 초대 여성 부장직을 맡고 있었다. 노동 쟁의가 일었고 나는 집행부의 일원으로서 대량 인원 감축을 철회하기 위해 안간힘을 썼다. 하지만 어느새 제2조합이 결성되며, 일시에 모두 그쪽으로 몰려갔다. 젊은 혈기 하나로 완강히 버티며 제2조합 가입을 거부했지만 그로 인해 사표를 내야 했다.

30대는 젊은 혈기로 멋지게 밀어붙일 수 있는 원기가 왕성한 시기다. 정의감도 있고 순수함도 있다. 정색을 하고 대들기도 한다. 30대에 이미 세상을 다 살아버린 듯한 얼굴을 하고 있다면 이미 정신이 노화된 것이리라.

회사를 나옴으로써 혈혈단신이 된 나는 우선 돈 벌 곳을 찾아야 했다. 그러던 중 여성 주간지에 머리기사를 대는 일을 하게 되었고, 이것은 제2의 일이 되었다. 물불 안 가리고 써대는 나날은 따분하기 그지없었다. 그 당시 나에게 있어 자극제는, 제2조합으로 몰려간 사람들에게 "그것 봐, 회사 관두고 뭘 하겠어."라는 말 따위는 절대 듣지 않겠다는 패기였다.

또한 남편의 반대도 때로 최고의 채찍질이 되었다. 모든 사람에게 인정받고 축복받으며 새로운 인생에 나서는 것은 분명 행복일지 모른다. 반면 남편의 반대도 자극제로서 꽤 효과가 있었다. “당신 혼자 뭘 하겠어.”라는 말을 들을 때마다 30대 젊은 혈기의 고집에 최대의 자극이 되었다. 그런 고집을 노골적으로 드러낼 기회가 없었다면 오늘의 나는 존재하지 않았을 것이다.

“그것 봐라.”라는 소리는 절대 무슨 일이 있어도 안 듣겠다며 한결같이 써온 글을 한 잡지에 투고해 독자상을 받았다. 그때 내 나이는 서른일곱이었다. 상을 받은 뒤로 조금씩 원고 의뢰가 들어오기 시작했다. 하지만 원고료는 새발의 피. 그렇다고 더 이상 머리기사를 대기 위해 마구 써대기는 싫었다.

친구 어머니가 하는 가게에서 카운터 일도 하고, 친구의 추천으로 회화 학원 비서과에서 여성사도 가르쳐가며 온갖 일로 돈을 벌었다. 그리고 한편으로 당시의 문화센터라고 볼 수 있는 주부 교양 교실을 열었다.

머리기사를 써내던 때 여러 주부들을 만났는데 그들 중 상당수가 새로운 인생에 대응하지 못해 고민하고 있었다. 같은 여성으로서 그들의 새 출발에 조금이라도 도움이 될 수 있기를 희망하며 시작한 것이 바로 주부 교양 교실이다.

강좌에 참석한 인원은 50명 전후. 거듭되는 적자를 메우기 위해 이리저리 뛰며 그래도 5년은 버텼다. 힘은 들었지만 그 덕에 많은 것을 배울 수 있었고, 좋은 인간관계도 가질 수 있었다.

그러나 그 무렵에는 앞날에 대한 전망도 불투명했고 스스로에 대한 확신도 없었다.

"저희 남편이 그러는데, 너무 고지식하고 어딘가 여려 보여서 매스컴의 세계를 과연 잘 헤쳐나갈 수 있을지 걱정스럽다네요."

함께 주부 교양 교실을 운영하던 한 선생의 부인으로부터 들은 이야기다. 한창 자아 찾기 여행 중이던 인생 도약 초기 시절의 나는 아마도 겁먹고 주춤거리는 인상이 강했던 모양이다.

변명은 통하지 않는다

그 무렵, 나는 항상 딸아이와 함께였다. 한창 아이를 키우고 있는 중이었기에 취재나 모임에도 대개 아이를 동반했다. 아이 양육은 결코 어머니의 인생 새 출발에 방해가 되지 않는다는 걸 당시의 나는 몸으로 익혀가고 있었다.

남편은 병원을 들락거리는 환자였다. 지금 생각해 보면 인생에서 가장 힘겨운 시절이었다. 그 시절에 나는 나를 크게 변화시키려 했고, 실제로 그렇게 했다.

"지금은 가정적으로 너무 힘든 때라……."

이런 말을 하며 자신의 인생으로부터 발을 빼려고 하는 여성을 보면 나는 이렇게 말한다.

"힘든 때라는 건 다시 말해 변화를 간절히 원하는 때일 수 있죠. 그러니 자기를 더 쉽게 바꿀 수 있어요. 그만큼 간절하니까요. 게다가 전화위복으로 만들 수 있는 기회니 오히려 잘된 게 아니겠어요."

그녀들의 등을 떠미는 데 그만 필사적이 되어버리는 건, 나 자신이 가장 힘들었을 때 나를 크게 바꿀 수 있었기 때문이다. 아니, 힘들었기에 그야말로 변혁이 가능했다고 확신하고 있다.

앞서 말한 강연 의뢰를 받은 날부터 강연 당일까지 약 한

달 동안 나는 정신없이 준비에 매달렸다. 여성의 삶을 다룬 책을 닥치는 대로 읽고, 마음에 드는 글을 베껴 쓰며 꼼꼼히 원고를 완성해나갔다. 그리고 계속해서 외우고, 테이프에 녹음해 면밀히 검토하며 실전 훈련도 거듭했다.

'용의주도'란 이때의 나를 위해 있는 말 같았다. 그 정도로 완벽하게 준비하고, 그날 강연장으로 향했다.

사회자의 소개가 끝나고, 연단으로 향하는 그 거리가 까마득하게 느껴졌다. 겨우 연단 앞에 이르러 300여 명의 참석자 앞에 선 순간, 나는 완전히 주눅 들고 말았다.

머릿속은 새하얀 공백. 그토록 치밀하게 준비한 강연 내용이 흔적 없이 사라졌다. 지금도 가끔 그때의 악몽을 꾸고 식은땀을 흘리며 잠에서 깰 때가 있다. 그만큼 참담한 몰골이었다.

여하튼 필사적으로 연단을 잡고 무너질 듯한 몸을 지탱하며 뭔가 말 같은 것을 입으로 토해냈다. 장내가 쥐 죽은 듯 고요해졌던 걸 보면 아마 참석자들도 뭔가 이상한 낌새를 알아챈 것이 분명했다.

나는 더 이상 내놓을 말이 없어 서툰 강연을 거듭 사죄하고 비척비척 무대 뒤로 물러나왔다. 강연을 시작한 지 불과 40분 만에. 주최 측에서 내민 사례금을 받지 않고 돌려주었지만, 다시 들이미는 바람에 거듭 사죄하고 집으로 돌아오는 길의 그 비참함을 뭐라 형언할 수 있을까.

현관문을 열고 발을 들여놓는 순간, 억눌렀던 눈물이 왈칵 쏟아져 목청껏 한참을 울었다. 창피하고 분했다. 그리고 비참했다. 스스로가 견딜 수 없이 싫었다.

울고 또 울며 두 번 다시 강연은 하지 않겠다고 굳게 결심을 했건만 2개월 뒤 나는 또다시 강연을 하러 나갔다. 말로 표현하는 일을 선택한 이상, 주눅 드는 버릇도 말솜씨가 없다는 변명도 통하지 않음을 깨달았기 때문이다.

두 번째 강연은 처음보다는 안정되었지만 이야기 내용은 형편없었다. 참석자들의 시들한 표정이 그대로 느껴졌다.

그로부터 수백 회, 아니 1,000여 회 이상 강연을 해왔다. 내 인생의 롤모델인 선생님만큼은 아니지만, 나는 그야말로 창피를 무릅쓰고 타인에게 단련되며 오늘에 이르렀다. 그러기까지 내게도 20년의 세월이 필요했다.

노력이라는 지구력이 인생을 꽃피운다

하루하루 그리고 한 번 한 번이 훈련

요즘은 말을 하면서 듣는 사람의 표정을 가능한 한 신중히 바라보려고 하고 있다. 내 이야기를 어떻게 받아들이고 있는지 그 사람의 표정이 그대로 말해주기 때문이다.

'저 사람은 조는 것 같다. 저 사람은 거부반응을 일으킨다. 저 사람은 의문이 있는 것 같다…….'

표정으로 참석자의 속내를 읽어내면 이야기 접근 방법을 달리해 그들과 원만한 커뮤니케이션을 하도록 최대한 노력하게 된다.

강연의 목적은 정보 전달이지만 내 경우에는 오히려 참석자의 표정을 살피며 그들에 의해 표현법을 훈련받고 있다.

'같은 말이라도 이런 표현을 쓰면 거부반응이 일어난다. 이런 말투로 바꾸면 수긍하는 사람이 많아진다……. 그래, 다음에는 이런 말투, 이런 표현을 써보자.' 하는 등이다. 20년간 이런 식으로 훈련한 덕에 다소나마 화술다운 것을 익힐 수 있게 되었다.

서른보다는 마흔, 마흔보다는 쉰으로 나이가 듦에 따라 인간으로 성숙해가야 보람 있는 인생을 살았다고 할 수 있다. 그저 밥 먹듯이 한두 살 나이만 먹어간다면 결국에는 무기력하고 성가신 노인의 신세를 면치 못할 것이다.

나이와 함께 거듭나기 위해서는 타인에게 단련될 기회를 가져야 한다. 타인의 존재에 대한 효용을 인정하는 것이야말로 성숙할 수 있는 길이다. 나는 사람들 앞에서 강연할 때마다 그들로부터 그 사실을 매번 배운다.

육성회 임원들의 말처럼 다소라도 내게 말솜씨가 있다면 그건 타고난 것이 아니라 훈련의 결과다. 창피에 창피를 당한 그 길고 긴 과정이 있었기에 가능한 일이다.

젊은 여성들 중에는 결과에만 집착하고, 그 과정은 간과해버리는 사람이 많다.

"어머, 옷이 참 잘 어울려요. 전 엄두도 못 내겠어요."

가끔 이 같은 악의 없는 말을 듣게 되면 나도 모르게 묘하게 변명 같은 말을 늘어놓곤 한다.

"그래요? 나도 2~30대 때는 기성복만 입었어요. 몇십 년 일해서 환갑이 다 된 여자가 맘에 드는 옷 한 벌 사 입지 못해서야 일할 힘이 나겠어요. 젊은 여자들 기죽이는 일이지요. 그래서 큰맘 먹고 신경 쓰고 있어요."

그러나 실은 본심이기도 하다. 2~30대 때 나는 분명 여유가 없었다. 앞서 말했듯 내 남편은 병자였고, 20대 때는 오로지 내가 가정경제를 도맡았다. 서른둘에 딸을 낳고 나서는 보모에게 지불하는 월급이 내가 회사에서 받는 월급을 웃돌았다. 남편은 병으로 누워 있고, 당시에는 보육 시설이 드물었기 때문에 남에게 아이를 맡길 수밖에 없었다.

생활비를 충당하기 위해 아르바이트를 하느라 평균 수면 시간은 4~5시간에 불과했다. 그래도 별로 힘들지 않았던 건 아이 양육 기간이 6년이라는 사실 때문이었다. 인생 80

년 시대에 단 6년이란 기간은 짧지 않은가. 눈앞에 닥친 일만 고민할 것이 아니라 모든 걸 80년의 폭으로 생각하자고 스스로를 훈련했다. 그리고 인생은 그렇게 쌓아가는 거라고 의연히 받아들이기도 했다.

나는 본래 말재주도 없었지만 글솜씨도 서툴렀다.

"이래서야 어디 여대생 논문 같네."

타박당하기를 여러 번. 본래가 고지식한 성격이라 눈치 빠르게 고치지 못하고 번번이 퇴짜를 맞았다. 무려 8번 다시 써낸 적도 있다.

나는 살기 위해 일을 해야만 했고 그 사실이 강점이 되었다. 수없이 다시 쓰라는 명령을 받고도, 그만둘 수 없는 입장이니 하라는 대로 했다. 거듭 창피를 당하고 때로는 분에 못 이겨 눈물을 흘리면서도 '날 써준다고 한껏 으스대는 저 거만한 편집자를 언젠가 깜짝 놀라게 해주겠다' 다짐하며, 30여 년을 꾸준히 써온 그 과정 위에 지금의 내가 있는 것이다. 아직 그 편집자를 깜짝 놀라게 할 정도는 못 미치지만 참고 견디면 복이 온다는 말대로 계속 써나가다 보면 나름 모양새는 갖춰지는 법이다.

노력이라는 이름의 지구력

내가 좋아하는 한 작가가 있다. 젊은 사람들 중에도 그녀를 좋아하는 팬이 많다.

그녀처럼 평온하게 맘대로 살아보고 싶다던 후배가 있었다. 후배는 그녀를 대단히 동경했다. 그렇지만 내가 보기에 어쩐지 후배는 눈에 보이는 그 작가의 외면만을 동경하는 듯해 한번 냉정하게 말했다.

"네가 보기에는 그분이 마음대로 사는 것 같겠지만, 그분만큼 젊은 시절부터 자신을 절제하며 살아온 사람도 없을 거야. 만일 정말 그분처럼 살고 싶다면 그만큼 너도 자신을 절제하며 살아야 할 거야."

그 작가는 다작을 하는 사람이 아니다. 오랜 세월에 걸쳐 하루도 거르지 않고 글을 쓰는 걸 자신의 의무로 여겨왔다. 글 쓰는 일을 업으로 삼는 사람의 한 명으로서 나는 그 일이 얼마나 절제를 필요로 하는지 잘 안다. 몸이 녹초가 될 때도 있고 펜을 보기조차 싫은 날도 있다. 꽤나 다혈질적인 나는 한 달이고 두 달이고 펜을 놓았다가 하루에 30장을 써대는 날도 있다.

그러나 그녀는 아무리 몸이 지치고, 펜을 잡고 싶지 않은 날에도 몸을 책상 앞에 붙들어 매고 반드시 하루 한 장을 쓴다. 열 장, 스무 장을 쓰고 싶은 의욕이 들끓어도 딱 한 장으로 그친다. 하루 한 장을 쓰면 1년이면 365장, 10년이면 3,650장, 50년 가까이 쓴다면 그야말로 천문학적 숫자에 이른다.

93세를 맞은 그 작가가 조금도 꾸밈없이 활달하게 살고 있는 건 그저 단순히 편하게 살아왔기 때문이 아니다. 자신을 절제하며 살아온 그 과정 속에서 길러진 자기에 대한 확신으로, 남의 눈을 의식하지 않는 평온한 현재를 만들고 있는 것이다.

그리고 또 한 사람, 내가 좋아하는 어학의 달인이 있다. 그녀는 현재 85세이지만 지금도 매일 영어 원서를 탐독한다. 한때 그분에게 영어 강의를 받은 적이 있다. 교과서는 셰익스피어의《맥베스》. 놀랍게도 그녀는 그 장편을 모조리 암기하고 있었다.

그녀가 영어와 가까워진 건 서른네 살 때다. 스물한 살에 결혼해 딸 하나를 두었다. 그녀는 평소 병약했던 탓에 자신이 아이보다 먼저 죽음을 맞이할지 모른다는 불안감에 딸을 자립심 강한 아이로 키웠다. 딸아이가 초등학교를 졸업할 무렵 다행히 그녀는 건강을 되찾았지만 그때 이미 딸아이는 혼자서도 살 수 있을 만큼 자립심 강한 아이로 성장해 있었다. 그렇게 일찌감치 엄마 품을 떠난 딸아이의 성장에 기쁨과 허전함을 느끼던 그녀는 그 뒤로 자신의 인생에 투자해보기로 결심했다.

학창 시절 그녀는 외국어 수업을 좋아해 여대 영문과에 진학하고자 했지만 아버지의 반대로 꿈을 이루지 못했다. 그녀는 딸을 통해 자신의 못 다한 꿈을 이루고자 다짐했지만 아이의 자립을 깨달았을 때, 그 생각은 완전히 바뀌었다.

'길지 않은 자신의 인생에 있어, 이루지 못한 꿈을 아이에게 채우느라 낭비할 게 아니라 내가 직접 실현하자. 자기에게 투자를 해야 미래의 인생이 열린다.' 그때부터 그녀는 영어 교습을 받게 되었다.

그녀는 20대부터는 기억력이 떨어진다는 걸 알고 있었기에 무리하지 않고 매일 영어 단어를 하나씩 익혔다. 초조해하지 않고 침착하게 하루에 한 단어만 암기했다. 그렇게 10년간 그 습관을 이어갔고, 그리고 다음 10년은 평소 자신이 좋아한 셰익스피어의《맥베스》를 외웠다.

그리고 그녀는 65세 때부터 다른 사람들에게 영어를 가르치게 되었다. 단순한 취미로 시작해 남에게 도움을 주는 사회 활동으로 이어진 것이다. 그녀는 80대가 된 지금까지도 여전히 그 활동을 지속하고 있다.

그녀의 현재 일면만을 본 사람들은 어쩌면 '언어에 타고난 재능이 있다'고 믿을지도 모른다. 허나 그녀가 천성적으로 영어를 좋아한 건 맞지만 현재의 실력을 가질 수 있었던 건 오로지 노력이라는 이름의 지구력이 있었기에 가능했다.

인생의 상승 욕구는 힘든 여건에서 나온다

힘든 여건이 자기 변혁의 원동력

취미나 사회 활동을 하며 충만한 노년을 보내고 있는 사람들을 보면 그들은 대개 결혼과 육아로 중단했던 일을 중년 시기부터 다시 시작한 경우가 많다. 그들이 전부 가정생활에서 행복했던 것은 아니다. 아이가 일찌감치 자립해 고독했다, 남편의 이해가 없었다, 풍족하지 못했다 등등 제각기 어려운 형편이었지만 반대로 모든 점이 만족스럽지 않았기에 인생 도약이 가능했다고 말한다.

"선생님은 부족한 게 없잖아요."

간혹 상담자 중에 진지한 얼굴로 이런 말을 하는 사람들이 있다. 이 말은 반대로 하면 "나는 부족한 것투성이에요." 일 것이다. 그녀들은 자신의 바로 그 점이 변화에 있어 원동력이 될 것임을 미처 깨닫지 못한다.

만일 내가 모든 걸 완벽하게 갖추고 있었다면 인생을 바꾸려고 생각했을까. 가능한 한 내가 가진 것이 영원하길 바라며 변화를 두려워했을 것이고, 오로지 현 상태를 유지하기 위해 안간힘을 썼을 것이다.

남편이 병자였기에, 돈이 없고, 재능에 자신이 없어서, 정말로 하고 싶은 일을 찾지 못해서, 인간으로서의 미숙함 등 물심양면으로 어려움이 많았기에 나를 바꾸고 싶고, 보다 잘 살고 싶고, 어려움을 벗어날 수 있는 인생을 만들어가고 싶었다. 이른바 인생의 장애물로부터 상승 욕구를 강화시킨 것이다.

나의 경우, 30대 중반부터 40대 중반에 걸쳐 인생의 상승 욕구가 가장 왕성했다. 당시 나는 스스로에 대한 투자도 아끼지 않았다. 그중 하나가 앞서 이야기한 '주부 교양 교실'이다.

주 2회 수업에 한 달 35,000원 정도의 수강료를 받았다. 강사 월급, 사무직원 2명의 월급, 광고 전단지, 만만치 않은 통신비 등으로 매달 지불해야 할 돈이 어마어마했지만 수강생은 한 달에 50명 남짓이었다. 매 강좌가 끝날 때마다 장부 끝에 빨간 글씨로 적힌 적자를 보면서 긴 한숨을 토해내곤 했다.

"지적 허영이다."라고 비난 섞어 말하는 친구도 있었고, "밑 빠진 독에 물 붓는 일은 그만둬라. 차라리 그 돈을 자식 교육비에 쓰는 게 훨씬 가치 있을 거다."라고 진지하게 충고한 사람도 있었다.

지적 허영인 줄도 알고, 밑 빠진 독에 물 붓는 일인지도 잘 알고 있었다. 그 돈을 딸아이 교육비로 쓰는 게 나을 거라는 충고도 틀린 말이 아님을 알고 있었다. 그럼에도 생고생을 하며 5년 동안 주부 교양 교실을 이끈 것은, 주 2회의 강좌가 내게 있어서는 사막의 오아시스처럼 귀중했기 때문이다.

지금과 달리 그 시절에는 성인 여성이 무언가 배울 수 있는 곳이 전무하다시피 했다. 하지만 정말로 배움에 목말라

하는 여성들이 많았다. 결혼, 출산, 육아로 어지럽게 돌아가는 외적인 변화에서 허덕이며 살아오다가 겨우 육아에서 한숨 돌리게 되었을 때 그녀들은 깨닫는다. 그동안 자신이 얼마나 배우는 습관과 동떨어져 있었는지를. 그리고 화들짝 놀란다.

자신을 키워나가고 싶은 인생에 대한 상승 욕구

당시 사무실 일을 도와주던 사람이 있었다. 그녀와는 취재로 알게 되었다. 내가 머리기사를 대고 있던 여성 주간지에 '빈 둥지족' 특집을 마련할 때다.

'빈 둥지족'이란, 아이가 자립한 뒤 허탈감으로 고민하는 전업주부가 놓인 상황을 빗댄 말이다. 그때 편집장인 친구의 소개로 취재에 응해준 이가 바로 그녀였다.

"대학 졸업하고, 캠퍼스 커플이었던 사람과 곧바로 결혼했어요. 이듬해 아들을 낳고, 2년 터울로 딸을 낳았어요."

나와 처음 만날 당시 그녀의 나이는 서른여섯, 아들은 중학교 1학년, 딸은 초등학교 5학년이었다. 그간 육아에만 전

념해 왔던 그녀는 아이들로부터 해방된 뒤의 공허함으로 힘들어하고 있었다.

"아이들은 점점 자라고 있는데 내게는 아무런 변화도 찾을 수 없었어요. 이대로 가면 아이뿐 아니라 남편이나 세상으로부터도 외면당할 것 같았죠. 자식을 통해 제 자신을 평가받고 싶다는 바람이 강해지면서 아이들 얼굴만 보면 공부하라고 소리쳤어요.

그러던 어느 날이었어요. 그날도 아들한테 공부하라고 이야기하니 아이가 제 말을 받아치듯 날카롭게 쏘아붙이더라고요. '그렇게 말하는 엄마는 어때요? 공부는커녕 책이라도 읽나요? 대학을 졸업한 게 맞긴 한지 모르겠는데요.' 아이 말이 가슴에 콕 박히더라고요. 그 말은 사실이었어요. 대학 졸업하고 제대로 책 한 번 읽은 적 없고, 공부는 생각도 안 했죠. 학창 시절에는 지식욕도, 호기심도 왕성했던 것 같은데 그런 나는 대체 어디로 가버린 걸까 싶었어요. 그렇게 과거를 더듬다보니 알겠더라고요. 어머니라는 역할의 무서움을요. 아이를 키우다 보면 어쩐지 내가 완성된 인간처럼 느껴졌어요. 인생을 80년으로 봤을 때

2~30대는 아직 미숙한 나이인데도 말이죠. 나 또한 배우고 성장해야 마땅한 시기인데, 아이들에게 이것저것 가르치다 보니 어느새 저의 미숙함을 잊어버리고 있었어요. 그러다 보니 공부하는 습관도, 나를 키우는 습관도 포기하게 된 거죠. 대학에서 배운 걸 밑천으로 산다면 30대 안팎에 바닥을 드러내고 말 거예요. 무서운 일이죠. 무지한 채 산다는 건 인간이기를 포기한 거나 마찬가지예요. 이제 배울 곳이 절실히 필요하다는 걸 느껴요. 본격적으로 배울 곳이요. 하지만 과연 저 같은 생각을 가진 여자를 받아줄 곳이 있을까요?"

그녀는 슬픈 얼굴로 말했다. 당시 나 역시 대학에서 배운 지식의 단편이 바닥을 보이던 터라 본격적으로 공부해 보고 싶다는 욕구를 느끼고 있었다.

이 세상에는 알고 싶은 것, 모르는 것이 너무 많다. 특히 지식이라기보다 지성이 부족하다는 데 불만이 있었다. 공부해서 나를 키워나가고 싶은 인생에 대한 상승 욕구가 들끓었다.

"그럼 우리 한번 여자들이 배울 곳을 만들어봐요!"

나도 모르게 이런 말이 멋대로 튀어나왔고, 그 말을 계기로 주부 교양 교실이 탄생했다.

그녀와 둘이서 수업 계획을 세우고, 강사를 모으러 다녔다. 회사 퇴직금과 딸을 위해 저축했던 교육비를 모두 투자했고, 그녀는 아이 명의의 정기적금을 해약했다.

자신에게 탐욕스런 시대,
탐욕으로 자신을 키워라

투자는 아이가 아니라 자신에게 하자

대학은 아이가 스스로 벌어서 가면 된다. 아이를 투자의 대상으로 삼아서는 안 된다. 한때 자녀 교육은 미래를 위한 저축이라는 말이 있었다.

자녀를 위한 교육이 저축이라는 건 결국 아이에게 어떤 형태로든 이자를 붙여 본전을 만회하겠다는 뜻이 아닌가. 그건 곧 아이의 인생을 부모가 원하는 대로 끌고 가겠다는 말과 다를 바 없다.

일찍이 나는 취재를 통해, 부모가 깔아놓은 레일 위에서 오로지 달리기만 하는 아이의 불행을 많이 접한 만큼 아이를 투자 대상으로 보는 풍조에서 멀찌감치 떨어지고 싶었다.

무리해서 자녀 교육에 투자하다 보면 그만큼 본전을 찾고 싶어지는 게 인간의 마음이다. 배우는 건 누구를 위함이 아니라 자기 자신을 위한 것이다. 게다가 대학을 나오는 것으로 배움이 끝나는 것도 아니다.

나는 딸아이가 '평생 학습'을 인생의 기본으로 알고 살아가길 바랐다. 그러기 위해서는 필요 이상의 교육적 투자를 하지 말자 판단하고, 아이 대학 등록금용으로 모아놓은 돈을 전부 인출했다.

우리 집안에는 어느새 '대학은 스스로 벌어서 간다'는 것이 암묵적 이해 사항이 되어 있었다. 딸아이는 고등학교 여름방학 때 빵집에서 아르바이트를 해서 대학 입학금과 한 학기 수업료를 마련했다.

입학 후에도 스스로 일해서 수업료를 충당했다. 딸아이는 2년 만에 대학을 중퇴하고 간호대학에 다시 들어갔고, 지금은 한 시립 병원의 내과 병동에 근무하고 있다. 딸아이는 낮에는 직장을 다니고 밤에는 야간대학에 나가 인도 철학을 공부한다. 인간의 생사를 다루는 간호 일을 하다 보니 철학에 관심을 가지게 되었다고 한다. 딸아이의 경우, 교육 투자에 인색했던 것이 오히려 아이의 인생을 풍부하게 만들었다.

주부 교양 교실 준비는 착착 진행되었다. 그녀와 나는 지인이나 친구를 통해 300부의 안내장을 돌렸다. 그렇게 모인 수강생이 53명이었다. 그녀들은 대부분 '빈 둥지족'이었고, 몇몇은 배울 곳을 만들어주어 감사하다며 고개를 숙여 인사했다.

첫날 강의는 경제학 입문이었다. 강사는 경제학을 가르치는 학자로, 이해하기 쉽게 설명해 주부들 사이에서 인기가 대단했다. 그가 부드러운 말투로 알아듣기 쉽게 천천히 들려주는 강의 내용을 노트에 받아 적다 보면 어느새 나는 학창 시절로 돌아가 있곤 했다. 그의 말 한마디 한마디가 머릿속 깊이 스며들었다.

강의를 듣다가 문득 주변을 둘러보면 다들 붉게 상기된 얼굴로 눈을 반짝거리며 집중하고 있었다. 거기에는 분명 자신의 이름을 가진 개인이 존재하고 있었다. 배우는 건 그야말로 본인 자신이다. 배움으로써 자기를 회복하고, 자신을 확인할 수 있음을 그녀들이 증명해내고 있었다.

계속되는 적자에도 불구하고 주부 교양 교실을 5년간 지속할 수 있었던 건 배우는 기쁨과 그 배움을 함께 나누는 그녀들의 밝은 표정에 매료되었기 때문이리라.

문을 닫게 된 건 누적된 적자 탓도 있지만, 나 자신의 일이 바빠졌기 때문이기도 했다. 그리고 다행스럽게도 여성들의 배움터가 각 지역에 하나둘씩 생겨나고 있었기에 안심하고 접을 수 있었다. 그 후, 나와 함께 일을 도모했던 그녀는 경제학 강사의 도움으로 한 대학의 청강생이 되었다.

그때 그 나이만 가능한 일도 있다

그녀는 대학 청강생으로 들어가 더욱더 배움의 길로 빠져들었다. 처음 봤을 때는 가녀린 풀처럼 여리기만 했는데 그녀는 어느덧 학문이라는 자양분을 듬뿍 흡수해 대지에 단단히 뿌리내린 떡갈나무 같은 여자가 되었다.

뿌리를 키우고 줄기를 살찌운 그녀는 여전히 자신의 나뭇가지를 풍성하게 가꿔가고 있다. 현재는 한 통신대학에서 사회학을 배우고 있다. 전공은 노인복지로, 장래에 자신이 배운 걸 사회에 활용할 생각이라고 한다.

그녀는 2~30대에는 가녀린 풀이었으며, 한때는 아이라는 나무에 붙어사는 기생목이 되려고 했으나 배움을 통해 다시 자신을 찾으며 물도 주고 자양분도 주며 점차 가지가 풍성한 거목이 되어가고 있다.

그녀라는 나무는 길 가는 나그네에게 비를 피할 공간을 만들어주고, 뙤약볕을 피할 그늘이 되어주기도 하고, 새들의 보금자리가 될 것이며, 시원한 바람을 내보내고, 때로 꽃을 피우고 열매를 맺어 많은 사람에게 큰 도움을 베풀 것이다. 그때가 되면, 거목으로 우뚝 선 그녀를 동경의 시선으로 바라보는 사람도 생길 것이다.

"문화센터에서 배우는 여자들을 '문화족'이라는 말로 조롱하는 풍조가 있다고 해요. 저는 그게 마음에 들지 않아요. 배움은 자기 회복의 첫걸음인 걸요. 과장해서 말하면 인간

회복의 첫걸음이라고 할 수 있죠. 다만 배우는 것이 단순히 시간 죽이기로 끝나버리면 그건 일종의 타락이 될 수도 있겠지만요.

결혼, 출산, 육아를 하며 보낸 10년간 저는 완전히 제 자신을 잃어버리고 있었어요. 다시 제 자신을 되찾는 데 역시 그만큼의 세월이 필요했죠. 정말이지 자신에 대해 탐욕스러워지지 않았다면 한번 잃어버린 제 자신을 좀처럼 되찾지 못했을 거예요.

다른 사람에게는 지금의 제가 자기중심적으로 보일 수도 있어요. 하지만 그들에게 그렇게 보일 만큼 나 자신에게 탐욕스러운 시간을 보내고 있기에 뭔가를 배워 내 것으로 만들 수 있다고 생각해요. 또 그렇게 해야 비로소 남들에게 도움을 주며 사는 날을 맞이할 거라고 생각해요. 배우는 시간을 그저 하루 소일거리로 여긴다면 지루한 자기중심 시대를 보내게 될 거예요. 남에게 쓸모없는 인간으로 사는 건 역시 일종의 타락이 아닐까 싶어요."

언젠가 그녀가 했던 말이다. 그 생각에 전적으로 동의했기에 나는 크게 고개를 끄덕였다.

자기중심적으로 보일 만큼 자신에게 탐욕스런 시대를 보냈기에 남에게 도움을 주는 시대를 맞이할 수 있다는 말은 인생 80년 시대의 삶의 진수를 대변하고 있는 것이 아닐까. 인생 도약의 시대는 다시 말해 자신에 대해 탐욕스러운 시대다.

아이라는 묘목을 키워낸 시대를 거친 뒤의 10년은, 말라 죽어가고 있던 자신이라는 나무에 물을 뿌리고 영양을 주어 지면에 단단히 뿌리내리고 줄기를 살찌우는 자아 육성의 시대라 해도 좋을 것이다.

나도 일찍이 내게 탐욕스럽던 시대를 말 그대로 탐욕스럽게 보내왔다. 이것도 해 보고 저것도 해 보고, 시행착오를 거듭하며 오로지 진정한 나를 찾아 나 자신에게 확신을 가질 수 있는 자아 육성에 전력을 다해왔다.

처음부터 환갑이 다 된 이해심 많은 여자였던 게 아니다. 점차 발전적으로 살아가는 데 필요한 과정을 하나하나 착실히 밟아나가며 현재에 이른 보통 사람 가운데 한 명에 불과하다.

분명 그 시대, 그 나이밖에 할 수 없는 일, 빈 둥지 시대이기 때문에 할 수 있는 일, 아니 하지 않으면 안 될 일이 산더미처럼 있다. 그 일을 생략한다면 절대, 무슨 일이 있어도 그 사람은 거목으로서 우뚝 서는 자신의 미래를 그릴 수 없을 것이다.

사회만큼 좋은 인생의 교사는 없다

일을 인생의 보람으로 삼기 위해

일을 한다는 건 인간관계에 단련되고 자기 자신을 성장시켜나가는 것이다. 그리고 또 그것이 삶의 보람으로 이어져 가는 것임을 깨달음에 따라 일을 소중히 여기는 마음이 강해진다.

시간 활용도 놀랄 만큼 치밀해진다. 집에만 있을 때는 24시간을 자기 마음대로 쓸 수 있고 시간이 남아돌면 되는대로 보내게 된다. 하지만 출퇴근 시간을 포함해 하루 10시간 가까이 규칙적으로 하루의 약 절반을 일에 할당하게 되면 나머지 시간을 계획적으로 쓰게 된다. 또한 집에 있을 때보다 바빠졌음에도 책을 읽거나 공부할 시간을 갖는 여유까지 생겨난다. 직장 동료나 고객과 좋은 인간관계를 만들어가기 위해서는 자기 자신이 성숙한 인간이 되지 않으면 안 된다.

스스로 밟아버린 일하는 길

자신에게 맞는 일 그리고 보람 있는 일

어느 날 백화점 액세서리 매장을 둘러보던 중 세련된 목걸이를 발견했다. 19세기 말 작품을 복제해놓은 듯한 고풍스러운 분위기와 뭐라 말할 수 없는 우아한 정취가 마음에 꼭 들었지만 충동적으로 사기에는 턱없이 비쌌다. 그렇다고 단념하기에는 그 매력이 아쉽고. 한참 망설이고 있는데 매장 담당인 듯한 여자가 살며시 다가왔다.

"한번 착용하고, 거울에 비춰보세요."

전혀 강요하지 않는 말투로 선뜻 권하며, 그녀는 장식장

안에서 목걸이를 꺼내 익숙한 손놀림으로 내 목에 걸어주었다. 거울에 비춰보자 제법 잘 어울렸다.

"아주 잘 어울리세요."

기쁜 듯이 그녀가 말했다. 그 진실함이 느껴지는 목소리에 마음이 움직여 선뜻 구입해버렸다.

솜씨 좋게 포장한 목걸이를 건네며 그녀가 말했다.

"이렇게 일하게 된 건 선생님 덕분이에요. 여기서 근무한 지 벌써 7년이 되었죠."

그녀는 7년 전, 나를 만난 일이 있다며 운을 뗐다.

"고등학교 졸업하고 한 4년 아버지 친구분이 하는 작은 회사에 다녔어요. 사무직이었는데 이런저런 잡다한 일을 했어요. 슬슬 일에 싫증이 나기 시작할 무렵, 거래처 직원이던 현재의 남편에게 프러포즈를 받아서 스물둘에 결혼했어요. 연년생으로 아들 둘을 낳고 눈코 뜰 새 없이 살다가 문득 정신 차리고 보니 아이들은 중학생이 되어 있더라고요.

남편은 일벌레, 아이들은 학교에 학원에 바쁘다 보니 저 혼자 빈집에 온종일 우두커니 앉아 있는 시간이 많았어요.

이렇게 내버려진 상태로 늙어가는 게 아닌가 싶어 두렵고, 바깥공기도 마셔보고 싶고, 내 이름으로 불리며 바쁘게 일하던 직장 시절도 그리워서 다시 일을 시작해볼까 하고 막연히 생각만 할 즈음 우연히 구청에서 하는 '여성과 일'이라는 강좌를 듣게 되었어요. 그게 바로 선생님 강의예요.

기억하세요? 그때 강의 끝나고 선생님께 질문했었어요. '일은 하고 싶은데 저한테 무슨 일이 맞는지 모르겠어요. 제게 맞는 일, 보람 있는 일을 어디에서 찾아야 할까요?' 그때 선생님이 해주신 말에 자극을 받아서 일을 시작하게 되었어요. 처음에는 이 백화점 파트타임 주부 모집 광고를 보고 들어왔는데 7년 동안 꾸준히 일한 덕에 지금은 정사원이 되었고, 고문 자격도 얻었어요."

그녀는 다소 수줍은 듯 말했다. 사실 7년 전, 그녀와 만난 일은 이미 기억에서 사라지고 없었지만 당시 내가 뭐라고 답했을지는 대충 짐작이 갔다.

일은 계속적인 것이다

"일은 하고 싶은데 저한테 무슨 일이 맞는지 모르겠어요. 제게 맞는 일, 보람 있는 일을 어디에서 찾아야 할까요?"

강연을 할 때마다 이런 식의 질문을 자주 듣는다. 그때마다 나는 고개를 갸우뚱거린다. 그냥 한번 해 보는 소리가 아닐까 하는 생각이 먼저 드는 탓이다.

일을 갖는 걸 반대하는 게 아니다. 오히려 적극 권하는 입장이다. 다만, 마치 요술 방망이를 두드리면 자신이 원하는 일이 튀어나올 듯 혹은 어디선가 불쑥 자신에게 맞는 일 또는 보람 있는 일이 생겨날 것처럼 쉽게 생각하는 안이한 발상은 문제라고 생각한다.

분명 7년 전, 그날 나는 그녀에게 이렇게 답했을 것이다.

"오랫동안 일을 안 했는데도 그렇게 쉽게 자신에게 맞는 일, 보람 있는 일을 찾을 수 있다면 몇 년째 일을 해오고 있는 남편은 어떻겠어요. 당신의 남편도 한 번쯤 쉬고 싶다는 생각을 하지 않았을까요. 일은 계속적인 겁니다. 누구나 신입 시절에는 밑바닥 일을 하게 되어 있죠. 좋든 싫든 말입니다. 자신에게 맞는지, 보람 있는 일인지 그런 것과는 상관없이 주어진 일을 해나가는 거죠. 그런 밑바닥 시절을 몇 년쯤 보내야 비로소 자신에게 맞는 일이 조금씩 주어지게 됩니다. 당신의 남편도 이런 형태로 현재에 이르고 있는 겁니다. 당신이 아무리 프로 주부일지라도 앞으로 일을 갖게 되면 신입 사원에서 시작하는 거예요. 그저 신참자일 뿐입니다. 그러니 밑바닥 일부터 시작하는 게 당연하지 않을까요. 10년 정도가 지나야 비로소 프로 사원이 되는 겁니다. 그때부터 보람이라든가 자기에게 맞는 일도 찾는 거겠죠. 뭔가 특별한 전문 기술이나 지식이 있어 곧바로 기업에 공헌할 수 있다면 이야기는 또 달라집니다. 하지만 이렇다 할 능력이 없다면 우선 파트타임부터 시작해보세요. 일을 가져보지 않으면 뭐가 자신에게 맞는지 알 방법이 없죠."

그렇다고 내가 파트타임 옹호자는 아니다. 파트타임이라고 하면 뭔가 그럴듯하게 보이지만 그 말을 풀이하면 임시 고용자, 즉 신분보장이 되지 않고 언제 잘릴지 모르는 저임금노동자다. 신문광고란을 훑어보면 대개 남자는 정사원, 여자는 파트타이머다. 이런 현상에 서글픔과 분노를 느끼곤 한다.

하지만 이런 현상을 만들어내고 있는 건 여성들 자신이기도 하다. 대부분의 여성이 일을 결혼할 때까지의 임시직으로 생각하고 있어서인지 결혼과 동시에 주저 없이 직장을 내던지고 가정에 들어앉는 경우가 많다. 이런 일이 반복되다 보면 결국 여자가 일하는 길은 탁 트인 대로가 되지 못한다.

그렇다면 뒷길로 돌아가야 하는데 그 길은 산길처럼 좁고 험난하다. 독신 여성이든 맞벌이 여성이든 일하는 길을 선택한 사람들은 뒷길을 대로로 만들기 위해 지금까지 얼마나 많은 노력을 해왔는가. 이러한 노력이 좀처럼 열매를 맺지 못하는 건 여성 자신이 그 길을 짓밟아왔기 때문이다.

남에게 맡기면
문은 열리지 않는다

일하는 어머니는 자식을 사랑하지 않는단 말인가

내가 아이를 키우던 시절, 맞벌이 여성은 지금보다 훨씬 열악한 상황이었고 세상의 비난도 거셌다. 마치 맞벌이 가정에서 성장한 아이는 비행의 온상인 것처럼 간주되기도 했다.

나의 딸아이가 초등학교 3학년 때의 일이다. 원고를 마감하고 한숨 돌리며 창가에 서서 무심코 아래를 내려다보는데 현관 앞에 딸아이가 서 있었다. 이름을 부르려고 하다가 멈칫 목구멍까지 올라오던 소리를 황급히 억눌렀다. 아이가 연신 두 손으로 눈가를 훔치고 있었기 때문이다. 훔치고 훔쳐도 계속 눈물이 흐르고 있었다. 다른 사람이 눈치채지 못하게 숨죽이며 눈물을 삼키는 딸아이의 모습을 계속 주시했다. 한참을 울다가 겨우 눈물이 멈췄는지 아이의 모습이 사라졌다. 그리고 곧 아이의 목소리가 들려왔다.

"학교 다녀왔습니다."

"어서 와라."

아이의 눈이 빨갛게 충혈되어 있었다. 집에 들어오기 전 필사적으로 눈물을 닦고, 내게 비밀로 하는 건 아마도 눈물의 원인이 엄마인 나와 관련되어 있기 때문일 것이다. 아이의 갸륵한 마음을 다치게 하고 싶지 않아 시치미를 떼고 아이를 맞았다.

그날 밤, 함께 욕탕에 들어갔을 때 딸아이의 등을 스펀지로 쓱쓱 문지르며 넌지시 물었다.

"토끼 눈만 빨간 줄 알았는데 우리 딸 눈도 빨가네. 이상하다. 누가 토끼 눈으로 만들었을까?"

"뭐야, 내가 운 거 알고 있었어? 그럼 말해도 되겠다. 사실은 엄마한테 이야기하고 싶었어."

아이는 입을 쑥 내밀고, 어제 친구와 싸웠다고 말을 꺼냈다. 딸아이는 수영 선수를 하고 있던 터라 힘이 세고 뚝심도 있었다. 언젠가 담임교사가 말하길, 딸아이가 같은 반 여자애를 들볶던 남자아이의 가슴을 밀쳐 교실 뒤편까지 내던져 그 뒤로 그 아이는 다시는 여자애들을 귀찮게 하지 않는다고 했다.

평소 남자애의 폭력에 눌리지 않도록 의식적으로 아이의 체력을 단련시켜왔기에 분명 어제 싸움에서도 압도적인 승리를 거두었으리라 쉽게 예상했다.

이긴 쪽은 마음에 남는 게 없지만 진 쪽은 앙심을 품는다. 독불장군인 딸아이와 달리 그 친구는 학급의 절반을 이끄는 대장이었던 모양이다. 그리고 오늘 그 아이와 친구 몇 명이 집으로 오는 길목을 막고 딸아이를 기다리고 있었다고 한다.

"우리 엄마가 그랬어. 네가 폭력적인 건 너희 엄마가 아이보다 일을 더 사랑하기 때문이래. 너희 엄마는 널 사랑하지 않는대. 그래서 일을 계속하고 있는 거래. 엄마한테 사랑받지 못하는 불쌍한 아이라고 우리 엄마가 그랬어."

한 아이가 그렇게 말하자 다른 아이들도 같이 딸아이를 놀려댔다고 한다. "불쌍한 아이래요~"

여자가 일하는 길이 대로가 되도록

"그 아이 엄마가 잘못 알고 있구나. 엄마가 우리 딸을 얼마나 사랑하는데."

나는 벌거벗은 아이를 꼭 껴안았다. 그리고 아이가 잠든 뒤, 나는 그 친구의 어머니에게 전화를 걸어 일하는 여자에 대한 편견을 버려주십사 정중히 부탁했다.

이건 작은 예에 불과하다. 여러 차례 같은 여성으로부터 좋지 않은 소리를 들었다. 지금도 육성회에 강연을 하러 가면 박수소리 뒤로 '맞벌이를 하는 엄마'에 대한 비난 섞인 말이 같은 여성의 입에서 나오는 걸 종종 듣는다.

일하는 여성의 길이 평탄하고 탁 트인 대로가 되어 있지 않으면 도중 승차도 불가능하다. 여자가 일하는 것이 당연시되고 있는 미국과 유럽의 여러 나라에서는 이미 본격적인 주부 재취업 제도를 확립시켜 왔다. 이렇듯 여자의 출산, 육아에 따른 직장과 가정의 이동을 배려한 재취업을 국

가차원에서 보장함으로써 도중하차, 승차가 가능한 인생을 살고 있는 여자들이 얼마나 많은가. 그런데 왜 우리는 그런 도중하차, 승차가 쉽지 않은 것일까. 대답은 하나다. 우리의 경우 아직도 결혼하면 가정에 들어앉는 걸 당연시하는 여자가 다수를 차지하고 있기 때문이다.

또한 도중 승차를 뜻대로 할 수 없는 것은 실은 지금껏 자신이 살아온 삶과도 무관하지 않은데, 그것을 깨닫지 못하고 "내게 맞는 일, 보람 있는 일을 찾을 수 없어."라며 불만스러워하는 여자들의 얼굴을 보면 불끈불끈 화가 치민다.

불평만을 늘어놓기보다 방법과 대안을 모색하고, 자신이 한 일에 분명히 책임을 지는 것이야말로 성숙한 여성의 참 모습일 것이다.

일하는 여성이 다수를 차지한다면 자연히 여자가 일하는 길은 평탄하고 드넓은 대로가 된다. 보육원이 늘어나고, 출산휴가를 쓰는 데 눈치를 보는 일도 없어질 것이다. 또한 본격적인 주부 재취업의 길도 열릴 것이다.

그러나 남에게 의지하려고 기다리고 있는 여자가 많으면

몇 년을 기다려도 길은 열리지 않는다. 개개인의 여성이 일단 지금 일할 수 있는 곳을 확보해가야 한다. 파트타임밖에 없다면 우선 그 일이라도 시작해서 일하는 여자가 다수를 차지하는 시대를 하루빨리 앞당겨야 한다. 이것이 자신에게 맞는 일, 보람 있는 일을 찾을 수 있는 가장 확실한 방법일 것이다.

일을 가지면 배우는 사람이 된다

자신이 일해서 번 돈은 자신에게 투자하자

백화점 액세서리 매장에서 일하고 있다는 그녀는 놀랍게도 내 강좌를 들은 지 사흘 만에 백화점의 파트타임 모집에 응모했다고 한다.

"막연하게 일을 갖고 싶다는 생각을 했어요. 제가 상상하던 모습은 제법 모양새 있는 그런 일이었어요. 잡지 같은 데 보면 주부 창업 성공담 많이 나오잖아요. 전문직으로 변신에 성공한 경우도 있고요……."

사회적으로 성공한 여자들이 늘고 있다. 이건 분명 멋진 일이지만 모든 여자가 아이디어 사업으로 승부할 수 없고, 곧바로 전문 직종을 가질 수도 없다.

예를 들어, 전문 직종에서 일하려면 그 일을 하기 위한 기술을 익혀야 하는데 그걸 배우는 데만 앞으로 몇 년이 걸릴지 알 수 없으며 또한 수업료도 필요하다. 그렇다면 일하면서 기술을 습득하는 방법이 가장 이상적이다. 자신이 일해서 번 돈을 자신에게 투자하면 누구의 눈치를 볼 필요도 없고, 지속적으로 할 수도 있다.

어떤 일에나 밑바닥 시절이 있는 법이다. '늦었다고 생각할 때가 가장 빠르다'는 말이 있듯 현재 자신의 상황이 어떻든 지금부터 시작하면 밑바닥 시절을 거치더라도 자신의 능력을 발휘할 수 있는 시간이 충분하다. 자기 자신에게 밑바닥 시절을 충분히 버틸 만한 체력도 기력도 젊음도 있음을 믿어라.

"그런데 그날 강좌를 듣고 생각이 많이 바뀌었어요. 밑바닥부터 시작해보자, 할 수 있다는 마음이 생겼어요. 그리고 그날부터 눈을 크게 뜨고 구인 광고를 샅샅이 훑었어요. 그때 발견한 게 지금 이 백화점의 파트타임 모집 광고예요.

그전에 저는 혼자 빈집에 있는 게 싫어질 때면 종종 백화점에 갔어요. 특히 액세서리 매장에 자주 갔어요. 이것저것 구경하다가 점원이 다가와서 '뭘 찾으세요?' 하고 물으면 도망치듯 자리를 떠났었죠. 그런 저의 모습을 떠올리면서, 나라면 손님의 입장에서 대응할 수 있지 않을까 싶어 자신감을 가지고 백화점 구인 모집에 응시했어요.

면접 볼 때도 제 경험을 바탕으로 솔직한 포부를 밝혔어요. 그리고 일주일 뒤 채용 통보가 날아왔죠. 남편한테 보여주고 이해를 구했어요. 다시 일하고 싶다고요. 아마 막연히 꿈만 꾸고 있는 단계에서 일을 하고 싶다고 말했더라면 반대했을 거예요. 그런데 채용 통보를 보여주니까 남편이 깜짝 놀라더라고요. '당신도 아주 재주가 없지는 않은가 봐. 그 백화점 같은 대기업에서 오라는 걸 보면.' 그러면서 흔쾌히 찬성하더라고요.

액세서리 매장에서 일하게 되었는데, 다른 직원보다 나이는 많았지만 저는 엄연한 신입이었어요. 입사한 1년 동안은 어린 점원에게 매장 일을 배웠죠. 일 배우면서 저 스스로에게 많이 놀랐어요. 근 12년을 전업주부로 살아오는 동안 사회적 감각이 완전히 녹슬었더라고요. 딱 그 12년만큼 감각이 무뎌진 것 같아요.

가장 힘들었던 건 각양각색의 성격을 지닌 손님을 대하는 일이었어요. 같은 말을 해도 그대로 받아들이는 사람이 있는가 하면 꼭 비틀어서 억지를 부리는 사람도 있거든요. 지금껏 기껏해야 가족이나 이웃이란 좁은 울타리 속에 살아서 그런지 세상의 다양한 인간관계의 기본조차 모르고 있었다는 사실에 놀랐어요."

일하는 것은 성장하는 것

직장의 인간관계도 매우 복잡하게 얽혀 있다. 10명이 있으면 그 10명의 인생 방식과 가정 형편이 각기 다르다.

옳고 그름을 재는 척도의 눈금이 좁아져 있음을 깨닫지 못하고, 아무렇지 않게 내뱉은 한마디가 상대를 상처 입히는 경우도 있다.

직장에서는 남편이나 아이의 이야기는 금기 사항이다. 누구나 결혼을 한 것은 아니다. 독신 여성도 있고, 미혼모, 이혼녀, 남편과 사별한 사람도 있다. 또한 모두가 자상한 남편, 건강한 남편과 살고 있는 것은 아니다. 폭력 남편에 시달리는 아내도 있고, 병약한 남편이나 신체장애가 있는 아이를 키우며 다부지게 일하는 여성도 있다.

자신의 가정사를 예사로 떠벌리고 남편이나 아이에 대해 시시콜콜 이야기하는 것이 얼마나 상대를 상처 입히고, 살아가기 힘들게 만드는 일인지 일을 하면서 배우기 시작한다.

일을 한다는 건 인간관계에 단련되고 자기 자신을 성장시켜나가는 것이다. 그리고 또 그것이 삶의 보람으로 이어져가는 것임을 깨달음에 따라 일을 소중히 여기는 마음이 강해진다.

시간 활용도 놀랄 만큼 치밀해진다. 집에만 있을 때는 24시간을 자기 마음대로 쓸 수 있고 시간이 남아돌면 되는 대로 보내게 된다. 멍청하게 텔레비전을 보다가 어느새 저녁 식사 시간을 넘기는 때도 많다. 그런데 이상하게도 시간이 남아돌고 있음에도 집안일이 짐스러울 때도 있다.

하지만 출퇴근 시간을 포함해 하루 10시간 가까이 규칙적으로 하루의 약 절반을 일에 할당하게 되면 나머지 시간을 계획적으로 쓰게 된다. 때때로 짐스러운 집안일에 재미를 느끼기도 한다.

또한 집에 있을 때보다 바빠졌음에도 책을 읽거나 공부할 시간을 갖는 여유까지 생겨난다. 직장 동료나 고객과 좋은 인간관계를 만들어가기 위해서는 자기 자신이 성숙한 인간이 되지 않으면 안 된다.

액세서리 매장에서 일하는 그녀 역시 갖가지 색깔을 지닌 인간에 대한 통찰력을 기르기 위해 책 읽는 사람, 배우는 사람이 되어갔다.

"일을 갖게 되고 나서 가장 좋은 점은 긴장감을 갖고 살아가게 된 거예요. 가정에 틀어박혀 있으면 남의 눈에 드러날 기회가 없어 자기도 모르게 정신이 해이해지기 쉽죠. 입는 옷에서도 그대로 드러나요. 처녀 때는 제법 세련된 취향이었는데 집에서는 누구에게 보일 일도 없다 싶으니 그저 손에 잡히는 대로 대충 걸치게 돼요. 정신이 해이해지면 육체도 늘어지고 그러니 살만 찌더라고요. 하지만 일을 하게 되고 나서는 복장에도 신경을 쓰게 되었죠. 특히 저는 액세서리 매장에 근무하는지라 멋에 관심이 있어야 하고, 단정한 복장을 하고 있어야지 그렇지 않으면 손님에게 할 말이 없지 않겠어요? 아무리 잘 어울린다 말한들 센스 없는 여자가 하는 말을 어떻게 믿나 싶어 손님도 살 마음이 생기지 않지요.

처음 얼마간은 월급의 대부분을 옷 사는 데 썼어요. 이곳 백화점에서는 주부 사원에게는 유니폼을 주지 않거든요. 동년배 손님에게 친밀감을 준다는 등의 이유로 정장을 준비해서 입으라고 해요. 너무 눈에 띄어서도 안 되고, 너무 촌스러워도 안 돼요.

어떤 모습으로 보여야 호감을 줄지 패션 잡지를 보고 연구하고, 때로 패션쇼장에 가보기도 하고, 영화도 자주 보게 되었어요. 높은 안목을 가진 손님을 보면서 색상이나 코디법을 은근슬쩍 관찰하고요. 액세서리에도 관심을 가지고 여기저기 가게를 구경 다니며 디스플레이나 손님 대하는 태도를 머리에 새겼어요.

그리고 집에 큰 거울을 갖다놨어요. 외출 전에 제 모습을 비춰보고 전체적으로 점검하려고요. 거울을 보며 밝은 표정을 지어보고, 등을 쭉 펴기도 하고요. 이렇게 하면 긴장감이 온몸에 퍼진다고 해요.

며칠 전 아이들이 그러더라고요. '엄마, 점점 예뻐지고 있어.' 처음에는 저더러 며칠이나 가겠냐고 놀리던 애들이 이제는 제가 일하는 걸 응원해주고 있어요. 집안일도 많이 도와주고요."

파랑새는 찾는 것이 아니라 스스로 키워가는 것

일하는 건 인간관계를 따뜻하고 풍성하게 만든다

액세서리 매장에서 근무하는 그녀는 자신의 일을 가짐으로써 얻은 기쁨을 이야기했다.

"남편을 암으로 잃은 친구가 있어요. 남편 앞으로 생명보험이 있긴 한데 보험금을 받기까지 상당한 시간이 걸리는 모양이더라고요. 친구가 돈이 궁했는지 저를 찾아왔어요. 제 명의로 모아둔 돈이 있어서 기분 좋게 친구의 부탁을 들어주었어요. 만약 그 돈이 남편의 월급으로 모은 돈이었다면 선뜻 친구 부탁을 들어줄 수는 없었을 거예요. 그날 처음으로 내 일을 하길 잘했다고 느꼈어요."

돈이 궁한 사람에게 아무리 따뜻한 위로를 건네봤자 오히려 그로 하여금 비참함만 깊어지게 하는 경우가 많다. 때로 좋은 인간관계를 만들려면 돈을 빌려주는 등의 구체적인 행위가 필요할 때가 있다. 그러나 남편의 월급만 갖고 산다면 남편의 눈치도 있고, 자신의 생활도 어려워지기에 선뜻 남에게 도움을 줄 수 없다. 많은 전업주부들은 이러한 번잡스러움에 휘말리지 않기 위해 나이 들면서 점점 초라한 인간관계를 만들어나간다.

자신이 돈을 벌면 때로 금전적으로 남을 도울 수 있다. 이것도 하나의 보람 있는 일일 것이다. 이 사건을 계기로, 그녀는 절대 일을 손에서 놓지 않겠다고 다짐하며 프로 의식을 연마해갔다고 한다.

"세공반에 다니게 된 것도 그 무렵이었어요. 그 뒤로 액세서리 개인전도 빼놓지 않고 다녔어요. 그러다 감각이 출중한 작가를 발견하면 상사에게 말해 매장 진열을 추천하고요. 실제로 그렇게 입점한 액세서리는 대개 잘 팔렸어요.

파랑새는 찾는 것이 아니라 스스로 키워가는 거라고 생각해요. 《파랑새》라는 동화극이 있지요. 가난한 나무꾼의 아이들인 치르치르와 미치르 남매는 꿈속에서 행복의 파랑새를 찾아 길고 긴 모험을 떠나죠. 그들은 결국 파랑새를 찾지 못하고 꿈에서 깨는데, 알고 보니 자기네 집에서 키우던 새가 파랗다는 걸 깨달아요. 행복은 가까이에 있는 셈이죠. 파트타이머로 일하고 있는 주부들을 보면 그들은 마치 치르치르와 미치르 남매처럼 자신 가까이 있는 행복을 발견하지 못하고 꿈속을 헤매고 있는 듯한 기분이 들어요. 그분들에게 말해주고 싶어요. 출발이 빠르면 빠를수록 보통의 참새도 파랑새로 바꿀 수 있다고요."

그녀 역시 파트타임으로 시작해 5년 후 정사원이 되었고 다시 반년 뒤, 고문으로 발탁되었다. 임시직으로 시작한 일이었지만 노력함으로써 자신에게 맞는 일, 보람 있는 일로 바꾸는 데 성공한 것이다.

파트타임으로 일할 당시 그녀와 함께 채용된 주부는 15명이었다고 한다. 그중 반수 이상이 1년 이내에 그만두었다. "역시 주부는 안 되겠어요. 책임감이 없어요."라는 상사의 말을 듣는 순간 그녀는 몸이 바짝 얼어붙는 느낌이었다고 한다.

함께 일을 하게 되면 개인의 처신이 다른 사람의 입장에도 영향을 미친다. 특히 여자는 단지 '여자'라는 이유만으로 싸잡아 취급당하기 일쑤라 개인의 언동이 여자 전체의 문제처럼 간주되기도 한다. 상사의 말이 일하는 여자로서의 자각을 촉구했고, 그녀는 일단 취직을 했으면 적어도 5년은 가야 한다는 각오를 새삼 다지게 되었다고 한다.

그렇다면 1년 이내에 그만둔 다른 여자들과 그녀의 차이는 무엇이었을까. 아마도 그것은 자신의 삶에서 일을 어떤 의미로 보느냐 하는 차이일 것이다. 1년 미만에 퇴직한 사람들은 스스로 일에서 보람을 찾기보다, 일 자체만 두고 자기에게 있어 보람이 되지 않는다고 판단한 게 아닐까. 온종일 서서 고객에게 물건을 파는 일 따위에서는 보람을 찾을 수 없었던 것이다. 반면 그녀는 일을 하나의 수단으로 보았다. 자신에게 보람을 가져다주는 수단. 그녀는 그 수단을 활용함으로써 보람 있는 일을 찾았다. 이렇듯 생각의 차이가 포기와 지속을 결정짓는 경우도 있다.

일하는 건 물과 공기의 필요처럼 당연한 일이다

나는 1931년생으로 그 시절 여자가 대학에 들어갈 수 있는 문은 굳게 닫혀 있었다. 문이 열린 건 한참 후의 일이다.

당시 남성과 어깨를 나란히 하고 대학 문을 통과한 여대생 제1호 사진이 신문 지면을 크게 장식했었다. 제1호라는 타이틀을 걸고 앞서 길을 닦아준 사람이 있기에 그다음 사람도 같은 길로 나아갈 수 있다. 얼마나 감사한 일인가.

나는 제4호에 해당한다. 누군가가 아니라 바로 내가 하지 않으면 안 된다는 생각이 강했기에 아버지에게 대학을 가게 해달라고 허락을 구했다. 아버지는 여자가 많이 배우면 불행해진다고 오랫동안 믿고 살아온 분이었기에 그러한 여성관이 하루아침에 바뀔 리 없었다. 하지만 시대는 급변하는 양상을 보이고 있었다. 이런 시대의 변화를 아버지도 완전히 외면할 수는 없었던 것일까. 아버지는 허락하는 대신 조건을 내걸었다.

"여자가 많이 배우면 불행해진다는 생각은 여전하다. 그러니 돈을 대줄 마음은 전혀 없다. 하지만 네가 스스로 벌어서 가겠다면 그것까지 말릴 수야 없지."

당시 우리 가족은 지방에 살고 있었는데, 내가 가려고 한 대학은 수도권에 위치해 있었다. 만약 혼자 힘으로 대학에 다니려면 등록금에 학비에 하숙비에 생활비까지 스스로 돈을 벌어 충당해야 했다.

한 푼도 없이 아르바이트로 생활한다는 건 지극히 힘든 일이었다. 아버지는 내 기를 꺾어 단념시킬 생각이었던 것이다.

4~5일간 치열하게 고민한 끝에 결정을 내렸다. '우선 무엇이든 해 보지 않으면 일의 승패는 알 수 없지 않은가.' 타고난 낙천주의가 내린 결론이었다. 또 하나는 여기서 희망을 포기한다면 "역시 여자는……."이라는 소리를 들으며 멸시받을 것 같았다. 반대로 내가 꺾이지 않는다면 여자의 의지를 가장 잘 보여줄 수 있으리라 생각했다.

"일하면서 대학에서 공부하겠어요."

예상을 뒤집은 대답인 탓일까. 잠시 침묵을 지키던 끝에 아버지는 마지못해 허락했다.

"그 정도 결심이라면 해 보거라."

그렇지만 분명 부모님은 '되도록 대학에 합격하지 않았으면…….' 하는 마음이 간절했을 것이다. 그러나 반대가 강할수록 무슨 일이 있어도 뜻을 이루겠다는 의지도 강해지고 공부에 임하는 마음가짐도 달라졌다. 나는 열심히 노력한 결과 무사히 대학에 합격했다.

"덕분에 합격했습니다."

인사를 전하자 아버지는 내 앞에 두툼한 봉투를 내밀었다.

"잘했다. 네가 스스로 벌어서 가겠다고 했지. 허나 넌 무일푼 아니냐. 등록금, 학비, 3개월 치 하숙비와 생활비 넣었다. 단, 여자가 많이 배우면 불행해진다는 생각에는 조금도 변함이 없다. 따라서 이 돈은 그냥 주는 게 아니라 빌려주는 거니 차용증서를 써라."

어린애 취급받던 딸이 아버지께 처음으로 어른 대우를 받았다. 그때 아버지가 내민 차용증서에 이름 석 자를 꼭꼭 새기듯 힘주어 썼던 내 모습을 지금도 가끔 떠올린다.

경제적 자립은 원하는 길을 선택하기 위한 필수 조건

·

일과 보람 있는 인생의 상관관계

각종 아르바이트며 과외 수업 등으로 어렵게 대학 4년을 보냈다. 졸업을 앞두고 남은 시간은 전력을 기울여 아르바이트를 했다. 아버지에게 갚을 빚을 모으기 위해서였다.

졸업식을 마치고 집으로 돌아와 아버지에게 졸업장과 빌린 돈을 내놓았다.

"너는 열여덟의 나이로 네 인생을 선택하고, 그에 대한 책임을 멋지게 완수했다. 그러니 앞으로 네가 어떤 인생을 선택하든 내 아무 말 않으마."

아버지는 불같은 성격을 지닌 분이다. 비위에 거슬리는 일이 있으면 적당히 넘기는 법이 없다. 내게 있어 아버지는 어린 시절부터 무서운 존재였다. 아버지와 마주 앉을 때면 저절로 눈을 내리깔게 되고, 제대로 말을 잇지 못했다.

그런데 어찌된 일일까. 그날 나는 똑바로 고개를 들고 주저 없이 아버지와 시선을 마주한 채 이야기하고 있었다. 아마 그건 부모의 신세를 지지 않고 혼자 힘으로 살아온 데 대한 자신감이었으리라. 부모 자식 간이라도 대등한 인간관계가 아버지와 나 사이에 형성되어 있었다.

그리고 동시에 깨달았다. 내가 원하는 길을 선택해 살아가고, 그런 나날이 쌓임으로써 보람 있는 인생을 만들어갈 수 있는 것이라고. 아울러 원하는 길을 선택하려면 경제적 자립이 필수 조건이라는 것을.

만일 대학 입학 당시 아버지의 도움을 받아 편하게 살았다면 그 뒤로 나는 아버지의 눈치를 살피며 정말로 하고 싶은 일을 참고 또 참는 인생을 보내게 됐을지 모른다. 그리고 현재의 나는 존재하지 않았을 것이다.

무슨 일을 해도 10년은 걸린다

내 것이 되기까지는 뭐든 10년은 걸린다

내가 결혼할 당시에는 기혼 여성을 채용하는 기업이 어디에도 없었다. 여자는 결혼 후 무조건 가사를 전담해야 한다는 사회적 통념이 지금보다 훨씬 강한 시대였다.

나는 별수 없이 혼인신고를 하지 않고 미혼으로 가장한 채 입사 지원을 했다. 조감독 지망생으로 예능직을 지원해 합격했지만 그 일은 남자만 할 수 있다는 불문에 따라 광고부에 배치되었다.

겉으로는 근대산업의 선봉에 서 있던 회사였음에도 내부

적으로는 매우 보수적인 곳이었다. 여사원의 근속 연수는 불과 3~4년. 그렇게 단기간 근무하는 사람에게 책임 있는 일, 보람 있는 일이 주어질 리 없었다.

그 회사에서 만 3년간 사무직이라는 이름으로 여러 가지 잡일을 도맡아했다. 대개 남자 직원에게 차를 갖다주거나 담배 심부름을 하고, 간단한 서류 정리, 출장비 계산 정도의 일을 했다. 이런 일에 만족하고 있다가는 언제까지고 '직장의 꽃' 취급만 당하게 될 것이 뻔했다. 그 꽃의 수명은 아무리 길어봤자 4~5년. 되도록 정년까지 직장에 단단히 뿌리내리고 싶었다. 그러려면 본격적인 광고 우먼이 되어야 했다.

광고 관련 일을 자세히 관찰하며 돌아가는 사정을 대충 알게 되고 나서는, 분주해 보이는 광고 담당자의 일을 은근슬쩍 도왔다. 시나리오를 남김없이 훑은 다음 1,000자 정도로 스토리를 정리해 넘겨주기도 하고, 시키지도 않은 포스터용 광고 문안을 작성해 담당자의 책상 위에 가져다놓기도 했다. 그러는 동안 주위 사람들에게 조금씩 인정받으며 나의 위치를 확보해나갔다.

그리하여 사무직에서 광고 섭외부로 그리고 입사 9년 만에 광고 프로듀서로 발탁되기에 이르렀다. 하지만 노동 쟁의 때문에 그 일을 내던지게 되었다. 그 뒤 앞서 말한 프리랜서 작가로 불안정한 세월이 이어졌지만, 그동안 무슨 일이든 잘 해낼 수 있었던 건 일을 보람 있는 인생의 필요 수단으로 보았기 때문이다.

일을 함으로써 보람을 느낄 수 있다면 그보다 더한 행복은 없다. 결국 이것저것 온갖 일을 경험한 끝에 선택한 것이 바로 언어로 표현하는 현재의 일이다.

이 일이 본업이 되기까지는 긴 세월이 필요했다. 돌이켜 생각해 보면, 지금껏 내가 이 일을 계속 해올 수 있었던 건 이것저것 가리지 않고 살기 위해 돈을 벌었기 때문이다. 단기간이지만 가정부를 했던 적도 있다.

선택한 일이 본업이 되었던 건 40대 중반이다. 겨우 내게 맞는 일, 보람도 느낄 수 있는 일을 내 것으로 만들었다.

무슨 일을 해도 10년은 걸린다. 액세서리 매장에서 일하는 그녀의 꿈은 자신이 만든 액세서리를 중심으로 한 매장을 갖는 것이라고 한다. 그때를 위해 그녀는 인간관계를 제대로 만들어두기 위해 노력하고, 창업 자금을 모으기 위해 최소 10년은 현재의 직장에서 더 일할 거라고 한다.

10년 뒤, 그녀는 어떤 모습으로 변신해 있을까. 아마 그녀와 같이 입사해 1년도 못 채우고 그만두고 나가버린 일을 포기한 여자들과의 차이는 그때보다 더더욱 선명하게 드러나 있을 것이다.

부부 관계의 질에 따라 남은 인생이 달라진다

자립한 남편과 아내의 결혼 60년을 위해

인간은 자신이 선택한 삶을 만족스럽게 살아왔을 때 자신감이 생기고 그것은 곧 평온함으로 나타난다. 그 같은 여유가 있을 때만 진정 남에게 따뜻해질 수 있다. 경제적 자립과 정신적 자립은 마치 일란성쌍생아와 같아 끊으려야 끊을 수 없다.

남편은 나이를 먹고 책임 있는 자리에 오를수록 보수적인 사람이 되어간다. 그러나 아직 유연성과 융통성이 남아 있는 중년의 시기라면 충분히 아내의 말에 귀 기울일 여유가 있다. 쇠는 뜨거울 때 단련된다! 경제 자립을 위한 최상의 출발점은 바로 인생 중반이다.

일과 가정을 병행하기 힘들다는 여자의 변명

충동적인 인생 새 출발이 가져온 병폐

"그때 그렇게 간단히 그만두지 않고, 꾸준히 독립적으로 사는 인생을 살았다면 지금쯤 좀 더 다른 나를 발견할 수 있지 않았을까요."

후회 섞인 푸념을 늘어놓는 상담자들의 발걸음이 끊이지 않는다. 한 상담자도 그러했다. 그녀는 얼마 전 막내딸의 결혼식을 치렀다. 막내딸 내외와 함께 살 생각으로 집을 개조까지 했지만 사위가 멀리 지방으로 전근을 가는 바람에 그 꿈은 사라지고 말았다. 큰딸도 남편 직장 때문에 친정과 멀리 떨어져 살고 있다.

그녀는 경제적으로 부족함은 없다. 문화센터에서 고전을 배우거나 수영 교실에 다니며 겉으로 보기에는 우아한 생활을 하고 있다. 그렇지만 모두 진정 원해서 하는 일이기보다는 남아도는 시간을 죽이기 위한 처절한 몸부림이다.

아이들에게 얽매여 남편과의 관계를 소홀히 해온 탓인지 언제나 부부 사이에는 찬바람이 불고 있다. 누구 하나 자신을 인정해주거나 필요로 하지 않는 공허함 때문일까. 그녀는 어느새 음주 습관이 붙어 알코올중독에 빠졌다.

그녀도 한때 인생을 다시 시작해야겠다는 열망에 사로잡혀 한 의류 매장에 취업했다고 한다. 하지만 그 시도는 단 10개월 만에 어그러지고 말았다. 가족과의 마찰이 문제였다.

"제게는 일과 가정을 병행하는 게 적합하지 않았어요."

하지만 찬찬히 그녀의 이야기를 들어보면 단지 적합하지 않았던 게 아니라, 제2의 인생 출발이 너무 충동적이었다.

취업하기 전, 전업주부로서 그녀는 집안일을 완전히 독점

하고 있었다. 본래 열정이 넘치는 사람인 만큼 남에게 인정받고 싶고, 필요로 하는 이가 되고 싶은 욕구가 강했다.

그녀는 남편은 물론 딸들에게도 일체 집안일에 손을 대지 못하게 했다. 그 때문에 딸들은 중학교에 들어갈 때까지 전기밥솥 사용법조차 몰랐다고 한다.

"엄마가 없으면 너희들은 굶어 죽겠구나."라고 놀리듯 말하면서도 실은 은근한 뿌듯함을 느끼며 나름 그 기분을 만끽하고 살았던 것이다.

"큰아이 중학교 3학년 때 일이에요. 육성회에서 '미래의 여성의 삶'이라는 강연이 있었어요. 한 여성 작가가 나왔는데 그분은 자녀 양육이 끝나고 자기 부재의 상실감에 빠져 고민하다가 한때 원형탈모증에 걸렸다고 해요. 그러다가 문득 앞으로 인생의 긴 앞날을 생각하면 지금 이대로 어물쩍 나이를 먹어선 안 되겠다 싶어 진정한 자신과 만나기 위해 글을 쓰셨대요. 가슴속에 묻어두고 묻어뒀던 생각을 필사적으로 쓰기 시작하다 보니 어느새 작가가 되어 있더라고. 끝에 이런 말을 하시더라고요. 자녀 양육에서 막 해방되는 시기, 그때 진정한 자신과 만나는 노력을 하는지 그렇지 않은지에 따라 그 뒤의 인생이 결정된다고요.

한 남자의 아내, 아이의 엄마, 때로는 며느리라는 역할을 학습하고 실천하는 시기가 지나면 그다음은 진정한 자기 자신을 찾고 자신을 발전시키는 시기라는 그 작가의 말이 가슴에 와 닿았어요. 그러면서 이런 생각이 들었어요. '아, 나와 비슷한 나이의 그녀는 진정한 자신과 만나기 위해 내면으로 들어가 원고지 칸을 글자로 메우는 작업을 하고 있구나. 지금 나는 희희낙락하며 집안일 속에 나를 파묻고 있어. 아무리 남편과 아이한테 애써도 돌아오는 건 없어. 원래 그게 내 일이라는 듯 당연하게 받아들이고 고맙다는 말 한마디 없어. 마치 나를 세탁기나 전기밥솥으로 보는 듯한 그 무표정한 얼굴들.'

순간 초조해지기 시작했어요. 내가 살아 있음을 느끼고 싶고, 시대에 맞춰 함께 살고 싶다는 강렬한 욕구가 일었어요."

갑자기 내버려진 가족의 당혹감

그녀는 앞을 향해 달리고자 하는 자신을 조절할 수 없었다. 마침, 자신이 자주 드나들던 의류 매장의 여성 지점장이 했던 말이 떠올랐다.

"패션 감각이 뛰어나고, 성격도 밝고 사교적이어서 판매직 하면 참 잘하실 것 같아요. 한 2~3년 매장에서 감각 익히면 충분히 가게 차려도 될 것 같아요."

그녀는 곧장 의류 매장의 지점장을 만나러 갔다.

"어머, 정말요? 잘 생각하셨어요."

지점장은 그녀를 반겨 맞았다. 그리고 놀랍게도 그녀가 당장 그날부터 일할 수 있도록 편의를 제공했다.

일은 잘 맞았다. 지점장의 말대로 그녀는 사교적인 성격이었고 패션 감각에도 자신이 있었다. 그녀가 권하면 뜨내기 손님도 그냥 나가는 법이 없었다.

"내가 잘 봤네요. 덕분에 매상이 껑충 뛰었어요."

지점장은 기분 좋게 웃으며 그녀에게 칭찬을 아끼지 않았다. 그녀는 점차 자신감을 키워나갔다.

'그래, 나는 이 매장에 없어서는 안 될 존재다.'

그녀는 점차 일에 빠져들면서 폐점 뒤에도 쇼윈도 장식이

나 매장에 관한 협의, 때로는 거래처 사원이나 지점장과 식사를 하고 밤늦게 귀가하는 날이 잦아졌다.

즐거운 그녀와 달리 가족들은 정반대의 상황을 맞이했다. 지금껏 엄마에게 전부 의지하고 살아온 딸들은 당황해하고 있었다. 그럴 때마다 그녀는 딸들에게 핀잔을 주었다.

"중학생이면 다 컸잖아. 저녁 정도는 알아서 챙겨 먹어."

태어나서 부엌일 한 번도 해 본 적 없는 딸들은 된장국 하나 변변히 끓일 줄 몰랐다. 그녀는 지친 몸으로 집에 돌아와 배를 곯고 있는 남편과 잔뜩 골이 난 아이들의 성화에 곧바로 식사 준비를 해야 했다.

"밥까지 대충 때우게 할 거야?"

"나도 놀고 있는 거 아니잖아요. 모든 걸 나한테 미루면 대체 날더러 어쩌란 말이에요."

어느새 집안은 어색한 공기가 감돌게 되었다. 그러던 어느 날, 남편은 그녀에게 일과 가정 중 하나를 택하라며 최후통첩을 들이밀었다.

그녀는 가족과의 갈등으로 점차 지치기 시작했다. 사실 따지고 보면 자립할 정도로 월급을 많이 받는 것도 아니었다. 일에 대한 열의가 식어가며, 지점장과의 사이도 자연히 서먹해져갔다.

10달 뒤, 그녀는 결국 직장을 떠났다.

"가정과 일을 병행하기가 쉽지 않네요. 제게는 맞지 않는 것 같아요."

그 뒤, 그녀는 다시 전업주부로 돌아와 두 딸을 보람으로 여기며 살아왔다. 그리고 지금 딸들을 모두 시집보낸 뒤 그녀는 허전함을 견디지 못하고 알코올중독자가 되어버렸다.

그녀가 일과 가정을 병행하는 데 적합하지 않았던 게 아니다. 단지 자립에 아무런 준비와 대책 없이 너무도 충동적이었던 게 실패의 요인이다.

주부가 일하기 위한
삶의 체크 포인트

가족이 주부의 부재에 익숙해질 때까지

한 가정이 있다. 그 집은 가족 누구든 언제나 집안일을 할 수 있도록 쌀이나, 조리 기구, 식기 등을 눈에 잘 띄는 곳에 배치해놓고 있다. 남편은 휴일이나 일요일에 취미로 요리를 하고, 아이들도 가족의 일원으로 집안일을 돕는 습관이 몸에 배어 있다.

얼마 전, 아내는 다시 일을 하기로 마음먹고 계획을 실행했다. 자신을 가족에게 이해시키는 순서도 정확히 밟았다.

그녀는 채용 통보를 받은 날 쌀집이나 음식점, 병원 등의 전화번호를 알기 쉽게 메모해 주방 벽에 붙이고 갖가지 조미료 용기에 내용물을 적은 스티커를 붙였다. 그리고 냉장고에 일주일분의 먹을거리를 준비해놓는 등 가족의 생활리듬이 깨지지 않도록 만반의 조치를 다해놓았다. 주부의 부재에 익숙해질 때까지는 재미난 화제를 가득 안고 퇴근시간이 되면 곧장 귀가했다.

일을 하기로 결심했다면, 우선 다음과 같은 것들을 체크해볼 필요가 있다. 지금까지 남편이나 아이와 어떤 관계를 맺어왔는가. 가사를 독점해왔는가, 오픈해왔는가. 아이를 과보호해왔는가, 적절한 거리를 유지해왔는가. 자신의 삶에 대해 이야기한 적이 있는가, 없는가. 아울러 주변 사람들과의 관계를 중시해왔는가, 그렇지 않은가 등.

만일 가사를 독점해왔다, 아이를 과보호했다, 자신의 삶에 대해 한 번도 가족과 이야기한 적이 없다, 주변 사람들과의 관계를 소홀히 해왔다면 일단 들뜬 마음을 가라앉히고 1년 계획으로 ○를 ×로 바꾸기 위해 노력하는 준비 기간이 필요하다.

전업주부 시대가 일루라고 한다면 일하는 주부 시대는 야구에서의 이루라고 말할 수 있다. 집안일과 바깥일을 병행하려면 가족은 물론 주변 사람들의 협력이 반드시 필요하다. 이러한 협력 체제, 즉 이루의 순서를 무시하고 달려가면 야구의 폭주처럼 베이스에 발을 대기도 전에 아웃을 당한다.

앞서 소개한 알코올중독에 빠진 그녀도 만약 차분히 순서를 밟아 점차적으로 일에 비중을 두어갔다면 지금과 같은 상황에 처하는 일은 없었을 것이다.

폭주하다 아웃 선언을 받고 맥없이 가정이라는 이름의 대기석으로 돌아간 주부는 내가 아는 한 다시는 타석에 선 일이 없다.

급하면 돌아가라! 재취업을 성공시키는 제1단계는 설사 본격적인 출발이 1~2년 늦춰지더라도 완벽한 초석을 이루어내는 것이다.

의존하고 있는 것은 아이가 아니라 당신이다

영양사로 일하고 있는 마흔여덟 살의 주부가 있다. 남편은 공무원이고, 아들은 뉴욕 지사에 근무하고 있다.

한때 그녀는 중학교에 들어간 아들을 '내 새끼'라고 부르며 목욕할 때도 따라 들어가 등을 밀어주는 등 지나치게 아들을 편애했다. 그러다 중학교 2학년인 아이가 등교를 거부하는 일이 발생했다.

이런 아이들을 20여 년간 치료해온 의사와 상담한 결과, 어머니의 과보호가 상황을 악화시켰다는 진단과 함께 가장 시급한 건 아들이 아닌 어머니에 대한 치료라는 냉혹한 말이 돌아왔다.

"의존하고 있는 건 아이가 아니라 어머니입니다. 일을 가지세요. 사람들과 접촉하며 자신을 성장시키세요. 단, 지금까지 과보호한 아이를 단번에 내치는 방식은 좋지 않습니다. 우선 심리적으로 부모와 멀어지게 만든 다음 물리적으로 공간적으로 차분하게 계획성 있게 일을 진행시켜야 합니다."

치료법은 한 인간으로서의 그녀의 자립이었다. 우선, 아이의 이름을 정확히 부르기로 했다. 그리고 어머니라는 역할의 총칭으로 자신을 말하기보다 '나'라는 일인칭을 사용하기로 했다.

아이는 자신과 어머니가 별개라는 자각을 갖기 시작하면서 다시 학교에 나가게 되었다. 그녀는 아이가 자립할 수 있도록 온 힘을 쏟았다. 스스로 속옷을 세탁하게 하고, 자신의 세탁물은 스스로 개켜 옷장에 정리하도록 했다. 설거지도 시키고, 도시락도 스스로 챙기게 했다.

남편에게도 협력을 구해, 아들에게 자신의 주변 일은 스스로 알아서 하도록 했다. 아버지와 아들이 주말에 즐겁게 요리를 하기까지 2년이 걸렸다. 가족이 모여서 인생에 대해, 인간에 대해 대화를 나누게 된 것도 이 무렵이다.

가족 구성원 각각에 독립적인 감각이 싹트자 아내가, 어머니가 일을 갖는 것이 당연하다는 분위기가 조성되었다. 그녀는 인근 슈퍼에서 파트타임으로 일을 하기 시작했다.

2년 뒤, 그녀는 한 영양사 전문학교 경리과에 취직했다. 일을 하면서 자연히 영양사라는 전문직에 관심을 가지게 되었고, 그녀는 평소 전문직 여성으로서의 삶을 꿈꿔왔던 터라 영양사에 도전해보기로 마음먹었다. 영양사라면 주부일의 연장선에 있는 직업이니 자신도 할 수 있으리라 생각했다.

그녀는 남편과 아이에게 이해를 구하고, 낮에는 경리과에서 일을 하고 퇴근 후에는 야간 수업을 들었다. 마침내 영양사 자격증을 취득하고, 현재 그녀는 한 노인 병원에서 영양사로 근무하고 있다.

그녀는 자신이 벌어 모은 돈으로, 아들도 만날 겸 보름간 미국 여행을 다녀왔다.

"어머니, 그때 저를 자립시켜주셔서 고맙습니다."

장성한 아들이 그녀에게 말했다.

"'내 새끼', 별말을 다하는구나."

멋쩍어진 그녀는 일부러 옛날처럼 혀 짧은 소리로 '내 새끼'라고 아들을 불렀다고 한다.

그녀는 '급하면 돌아가라'는 말의 산증인이라고 해도 좋을 만큼 이렇듯 긴 시간을 두고 자신과 아이의 자립을 이루어냈다.

경제적 자립과 정신적 자립은 성인의 필수

정신적 자립이란 무엇을 말하는가

"경제적 자립은 못해도 정신적으로 자립해 있으면 되지 않아요?"

몸은 남에게 의지하고 있으면서 정신만 자립한다는 게 과연 가능할까? 정신은 자립해 있다고 단언하는 사람에게 가끔 그 상태를 물어보면 다음과 같은 답이 돌아온다.

"나는 한 번도 남편한테 부양받고 있다는 열등감을 느껴본 적이 없어요. 내가 하고 싶은 일은 뭐든 다해요. 집안일도 남편이 거들어줘요. 재밌는 텔레비전 프로 나올 때는 남편한테 차 한잔 부탁하기도 하고요."

근래 주부 미식가들이 늘고 있다. 요즘 레스토랑에서는 점심시간 즉 런치타임 때는 풀코스 요리를 저렴한 값에 제공한다. 런치에 풀코스를 이용하는 다수는 누구일까? 대부분 4~50대의 전업주부로 보이는 여자들이다. 화장을 곱게 한 그녀들의 생기발랄하고 활기찬 목소리가 테이블 곳곳에서 울려 퍼진다.

평온하게 즐기는 여자들을 보는 것은 좋지만, 문득 그녀들 뒤로 남편들의 모습이 떠오르곤 한다. 지금쯤 남편들은 분식집에서 허겁지겁 메밀국수 따위를 먹고 있지는 않을까. 오늘밤도 지칠 대로 지친 몸에 양복을 입고, 무거운 발을 질질 끌며 집으로 향하고 있지는 않을까. 심보 사나운 상사에게 고개 숙이고 있는 남편, 지하철에서 꾸벅꾸벅 졸고 있는 남편, 러시아워의 사람들 틈에서 불편한 심기를 그대로 드러낸 채 손잡이에 매달려 있는 남편……. 그런 남편들의 모습을 그녀들은 잠시라도 떠올릴 때가 있을까.

이러한 생각이 머리를 스치면 평온하게 보이던 그녀들이 너무 뻔뻔하고 이기적인 여자로 느껴진다.

"내가 하고 싶은 일은 무엇이든 다해요."

그것이 마치 정신적인 자립이라는 듯 자랑스레 말하는 여자들을 만날 때마다 레스토랑에서 런치를 즐기는 한 무리의 그녀들이 떠오른다. 매달 정확히 넘겨받는 월급이 남편의 땀의 결정이라는 데 생각이 미치지 못하는 뻔뻔스러움에서 양자의 공통점을 엿볼 수 있기 때문이다.

1975년은 평화와 평등과 발전을 표어로 내건 국제 여성의 해였다. 이를 계기로 지구 상의 수많은 여성이 가사와 육아에 있어서의 남녀 협력을 주장하기 시작했다. 나 역시 남자의 가정 참여를 옹호하는 입장에 있지만 "집안일도 남편이 거들어줘요. 재밌는 텔레비전 프로 나올 때는 남편한테 차 한잔 부탁하기도 하고요."라는 전업주부의 무심한 말을 듣다 보면 "자, 잠깐만요." 말까지 더듬거리며 상대의 입을 막아버리고 싶어진다.

자신을 살리고 남도 살리는 정신적 자립

나를 포함해 페미니즘 입장의 여성들이 가사와 육아에 있어서의 남녀 협력을 주장하는 이유는 무엇보다도 그것이 여성의 노동권 확립과 연결되어 있기 때문이다. 남자는 직업, 여자는 가정. 여자는 남자가 버는 돈으로 살아간다는 오랜 세월에 걸친 성별 분업이 자리하고 있는 한 여자의 일은 설사 맞벌이를 한다 해도 가정경제에 있어 보조 역할에 머무르고 말 것이다.

'가정경제의 기둥인 남자와 달리 여자는 승진이나 승급이 필요 없다. 여자는 파트타임이면 되지 않느냐. 정년도 남자보다 빨라야 된다'는 식의 사고로는, 백날이 가도 여자는 남자에게 부양받으며 살아가는 반몫의 인간으로 간주될 것이다.

여자가 스스로의 힘으로 살 수 있는 존재가 되려면 반드시 노동권을 확립해야 한다. 따라서 여자의 노동권 박탈의 원인이 되어온 '남자는 직업, 여자는 가정'이라는 성별 분업적 사고를 뿌리 뽑고자 수많은 여성들이 가사와 육아에 있어서의 남녀 협력을 소리 높여 주장하는 것이다. 그들은 '남자의 가정 참여, 여자의 사회 참여'를 표어로 내걸었다.

대부분의 맞벌이 여성은 직장에서는 남자와 똑같이 일하기를 요구받고, 집에 돌아가서는 가사와 육아까지 도맡아야 한다. 이렇게 되면 여자는 남자보다 2~3배 더 일하는 셈이다. 일과 가정을 병행하는 데 지쳐 억울함을 눌러 참고 직장을 떠난 여자들이 얼마나 많은가. 과로로 쓰러진 친구도 있다. 남녀가 함께 일을 하듯 가사나 육아도 서로 분담해야 한다.

남녀 협력을 주장하는 이유는 또 하나 있다. 남자들에 대한 사랑의 메시지라고 할까. 장시간 노동을 강요당하며, 해마다 과로사를 하는 남자들이 늘어가고 있다. 정년퇴직 후 찾아오는 인격 파탄이라는 문제도 존재한다.

이러한 비인간적인 노동을 강요당하고 있는 남자들에게 인간다운 삶을 선사하고 싶은 것이다. 여자가 일하면 남자도 좀 더 여유롭게 일할 수 있다. 아내나 아이, 주변 이웃과 사귈 수도 있고, 인생의 즐거움도 맛볼 수 있다. 남녀 협력을 외치는 여자들의 주장 뒤에는 남성의 인간 해방에 대한 바람도 담긴 것이다.

장황한 듯하지만 가사와 육아에 있어서의 남성 참여를 호소하는 건 무엇보다도 여성의 노동권 확립이 주축이 된 주장이라고 할 수 있다. 그런데 놀랍게도 주축을 이루는 쪽은 어디론가 사라지고 '가사와 육아의 남편 참여'라는 부분만이 부각되고 있다. 자신에게 유리한 부부만 앞세우는 것이다.

그렇다면 남성이 너무 불쌍하지 않은가. 현재 돈을 벌기 위한 남편의 노동시간과 아내의 가사 노동시간의 균형이 크게 무너지고 있다. 특히 아이 양육에서 해방될 즈음에는 남편의 노동시간이 아내보다 절대적으로 길어진다. 출퇴근 시간을 합해 평균 11시간 반을 일하고 집에 돌아와 가사 협력을 강요당한다면 일찍 생을 마감하는 남자가 증가한다 해도 이상할 것이 없지 않다.

함께 살고 있는 남자가 밖에서 어떻게 일하고 있는지 그 모습조차 생각하지 않으면서 무엇이 정신의 자립이란 말인가. 진정한 자립은 자신을 생각하고, 남도 배려할 수 있는 성숙한 인간이 되었을 때 비로소 이루어지는 것이다.

진정한 정신적 자립이란 자신이 원하는 삶을 자유롭게 선택하고, 자신이 한 일에 대해 스스로 책임지면서 사는 것이다. 이는 인간의 평생 테마라고 할 수 있는 어려운 일이다.

경제적 자립?
지금이 적기!

돈 버는 남편이 특권을 휘두를 때

경제적으로 자립해 있다고 정신도 자립해 있는 건 아니다. 하지만 타인의 경제력에 의존해 사는 인간보다는 경제적으로 자립한 인간이 정신적으로도 자립할 수 있는 조건을 더 많이 가지고 있는 게 사실이다.

'부양받고 있다고는 생각하지 않는다'고 아무리 허세를 부려도 경제권을 쥐고 있는 남편의 거센 반대에 부딪히면 이혼의 위기를 무릅쓰면서까지 자신이 하고 싶은 일을 끝까지 밀고 나가는 여자가 과연 몇이나 될까.

"나도 내 일을 해야겠다고 말했더니 남편이 대뜸 그러더라고요. '그래, 나는 마누라한테 돈 벌어 오라고 할 만큼 형편없는 놈이야.' 그렇게 덤벼들듯 대꾸하니 더는 말을 꺼낼 수 없었어요."

이런 한탄을 하는 상담자도 제법 있다. 그중 한 명의 사연을 소개하고자 한다. 그녀의 남편은 평소 말수가 적고 누가 봐도 점잖은 사람이다. 한편으로는 너무 물러 터져 보여 만만하게 보이기도 한다.

하지만 그녀의 남편은 '아내는 이래야 한다'는 나름대로의 선을 그어놓고 있었다. '아내가 일을 한다'는 건 그에게 있어 자신이 만들어놓은 선을 넘어서는 일이었다.

그녀는 그러한 남편의 속내를 모른 채, 평소 모습만을 생각하고 자기의 의사를 밀어붙였다. 남편의 반대 정도야 어떻게든 될 거라고 대수롭지 않게 생각한 것이다.

"신문에도 나오잖아. 주부의 70퍼센트 정도가 일을 하고 있대. 이젠 아이도 다 컸으니 나도 내 일을 해야겠어. 절대 당신 신경 쓰게 하는 일 없을 거야."

"그래, 그럼 맘대로 해."

남편은 위협적인 목소리로 잘라 말했다. 그리고 그 뒤로 아내가 무슨 말을 해도 묵묵부답에 굳은 표정을 거두지 않았다. 마치 '해볼 테면 어디 한번 해봐라. 가만있지 않을 테니까'라는 무언의 위협을 보내는 듯했다.

그녀는 결국 자신의 일을 포기하고 말았다. 막판에 위세를 부리는 이것이 바로 남편 즉 돈 버는 사람의 특권임을 별수 없이 깨달았기 때문이다.

"생각해보면 지금껏 무의식중에 남편의 눈치를 보고 살았던 것 같아요. 하고 싶은 게 있어도 미리 눈치를 살피고, 알아서 참았죠. 줄곧 이런 일의 반복이었는데 이번 일로 확실히 깨달았어요. 역시 경제력이 없으면 목소리가 약해져요. 정말 제 자신이 한심했어요. 내 인생도 맘대로 못하다니……. 돈을 버는 여자가 이번만큼 부러운 적도 없을 거예요."

상담이라기보다는 푸념을 하러 온 것일까. 그녀는 1시간 가량 같은 말만 늘어놓다 돌아갔다.

참다 보면 남편에 대한 따뜻한 배려를 잃어버린다

어느 보고에서, 주부 대상의 주간 강좌를 야간으로 바꾸자 참가자의 3분의 2 정도가 감소했다고 한다. 남편이 퇴근해 돌아와 있으니 아예 나가기를 포기한 여자가 많았던 것이다.

남편의 경제력에 기대고 산다면 무의식중에 상대의 눈치를 살피게 된다. 이것은 당연한 인간의 감정이다. 그리고 자신이 하고 싶은 일을 억누른 채 살아온 세월이 쌓일수록 남편이 힘들게 일한다는 생각 즉 남편에 대한 인간으로서의 따뜻한 배려를 잃어버린다.

레스토랑 중앙 테이블에 주부 여러 명이 빙 둘러앉아 모임을 갖고 있다. 그중 한 여자가 아이와 남편 자랑에 여념이 없다. 한참 떠들던 여자가 갑자기 생각난 듯 말한다.

"남은 음식 싸달라고 할까? 저녁에 남편 주면 딱 좋겠다."

여자의 말이 끝나자마자 순간 '와' 하고 웃음소리가 터져 나온다.

"처자식 먹여 살린다고 자랑하는 남자도 문제지만 여자들도 참 뻔뻔해졌어요. 제 딴에는 부부가 협력해 좋은 가정을 만들어갔으면 하는 바람에서 남자의 가사 참여를 호소하는 기사를 썼는데, 왠지 제가 뻔뻔한 여자를 만들어내는 데 일조한 것 같네요. 여자들이 정보를 수집해 그중 자기한테 좋은 것만 취할 줄은 몰랐어요."

한 여성 기자가 씁쓸하게 말했다. 나 역시 때로 그런 느낌을 받았던 만큼 그저 고개만 끄덕거릴 수밖에 없었다.

인간은 자신이 선택한 삶을 만족스럽게 살아왔을 때 자신감이 생기고 그것은 곧 평온함으로 나타난다. 그 같은 여유가 있을 때만 진정 남에게 따뜻해질 수 있다. 경제적 자립과 정신적 자립은 마치 일란성쌍생아와 같아 끊으려야 끊을 수 없다.

남편은 나이를 먹고 책임 있는 자리에 오를수록 보수적인 사람이 되어간다. 그러나 아직 유연성과 융통성이 남아 있는 중년의 시기라면 충분히 아내의 말에 귀 기울일 여유가 있다. 쇠는 뜨거울 때 단련된다! 경제 자립을 위한 최상의 출발점은 바로 인생 중반이다.

놓치지 마라!
부부 관계 회복에 몰두하는 시기

자식은 부모가 생각하는 것보다 빨리 자란다

"결혼하고 싶어요."

성인 여자에게 좋아하는 남자가 있는 건 당연한 일이다. 그런데도 어느 날 딸아이에게서 "결혼하고 싶어요."라는 말을 들었을 때의 배신감은 놀라울 정도였다.

자식은 부모가 생각하는 것보다 빨리 자란다. 마냥 품안의 어린애인 줄 알았던 딸아이는 올해 만 스물일곱이 되었다.

딸아이는 4년 전에 집을 나가 독립해 살고 있었다. 그때부터 딸을 충분히 독립된 존재로 인정하고, 때로 우리 모녀는 각자 자립해 있다는 자부심도 가졌다. 하지만 모녀 사이에 다른 이성이 끼어든다는 건 단순히 공간적이 아니라, 심리적으로도 아이와의 이별이 부득이해진다.

아마도 나는 뭔가 마음 한구석에서 딸아이가 "역시 혼자 사는 건 힘들어요."라며 어물쩍 다시 집으로 돌아오기를 기대했나 보다. 그 기대가 무참히 산산조각이 나고, 딸이 엄마보다는 이성과 사는 걸 선택했다는 것이 나에 대한 최대의 배신처럼 느껴졌다.

순간 나는 정신없이 딸에게 소리쳤다.

"절대 허락 못해. 결혼이라니!"

법적으로도 부모의 허락 없이 결혼할 수 있는 스물일곱의 어엿한 성인 여자에게 말도 안 되는 소리를 하고 있었다. 더없이 사랑하고 사랑했던 하나밖에 없는 내 딸을 빼앗긴다는 마음에 그 외침은 차라리 비명에 가까웠다.

결혼식 날, 하얀 웨딩드레스를 입은 딸아이는 눈부실 만큼 아름다웠다. 예식 비용은 모두 젊은 두 사람이 부담했다. 잘 어울리는 한 쌍의 결혼식은 청초하고 산뜻한 분위기로 가득 차 있었다.

머리로는 물론 이해를 했다. 하지만 마음을 납득시키는 데는 한 차례의 눈물이 필요했다. 그날 밤, 이부자리 속에서 숨죽여 울었다. 눈물이 말라버릴 정도로 엄청난 흐느낌이었다. 하지만 우는 와중에도 나 스스로에게 놀라고 있었다. 내가 그토록 딸에게 집착하고 있었다니.

세상에는 자식과의 공간적인 이별에 용감한 여자도 있고, 나처럼 집착하는 여자도 있다. 이 차이는 무엇 때문에 생기는 것일까?

우선은 정의 깊이에서 원인을 찾을 수 있을 것이다. 천성적으로 정이 많은 여자도 있고, 반대로 매우 담백한 여자도 있다. 나는 분명 사람에 대한 정이 지나치게 강한 편이다. 남녀를 불문하고 좋아하는 사람에게 끝까지 빠져든다. 과거에 그래선 안 될 상대에게 빠져 혼자 씨름하며 큰 상처를 입기도 했다. 그것이 두려워 점차 그 깊이를 낮춰가게 되었는데, 아마도 자식에 대해서는 억제할 수 없었던 모양이다. 하지만 무엇보다 가장 주된 원인은 아마 남편과의 관계에 있었다.

남편과 사이 좋은 아내는 자식에게 집착하지 않는다

남편과 좋은 관계를 다져온 여자는 자녀가 성장해 독립한다 해도 이별이 수월하다고 한다. 반면 남편과의 관계가 그리 원만하지 않은 여자는 아이에 대한 집착이 강해 떨어지기 힘들어한다.

유감스럽게도 나는 남편과 틀어진 채 오늘날에 이르고 말았다. 이혼하지 않으면 안 될 정도의 결정적인 이유가 있었던 건 아니라 현재 우리는 서로의 세계에 관여하지 않은 채 '한 지붕 아래 별거' 형태로 우호 관계를 맺고 있다.

만일 남편과 사이좋게 살아왔다면 나는 아이의 결혼을 온전히 기뻐하며 받아들일 수 있었을까?

재일 미국인인 미첼이라는 친구가 있다. 그녀의 남편인 로버트는 일본의 한 대학에서 인류학을 가르치고 있다. 두 딸 가운데 큰딸은 결혼해서 미국으로 갔고, 작은딸은 프랑스인과 결혼해 곧 프랑스로 간다고 한다.

"허전하죠?"

미첼은 정말 놀란 듯 되물었다.

"허전하다니, 왜요? 지금까지는 '자녀'라는 존재 때문에 부부 관계보다 부모 관계에 비중을 둘 수밖에 없었지만 이제 아이가 독립했으니 우리는 다시 신혼 시절로 돌아갔어요. 허전하기는커녕 다시 로버트와 단둘이 살게 돼서 정말 좋아요. 아이한테 돈 들어갈 일도 없으니 이제 둘이서 마음껏 여행이나 하자며 어젯밤에도 한참을 이야기했어요. 이제부터가 정말 기대돼요."

미첼의 얼굴에서는 어떤 가식도 느껴지지 않았다. 사실 이 부부는 금실이 무척 좋았다. 두 딸이 아메리칸 스쿨에 다니기 시작하면서부터 이 부부는 매주 이틀은 밤에 부부 동반으로 홈 파티에 가거나 영화를 보러 다니고 레스토랑에서 저녁을 즐기며 인생의 즐거움을 듬뿍 나누고 살았다.

미첼과는 미일 회화 학원에서 알게 되었다. 나는 비서과, 그녀는 동시통역과의 강사였다. 비슷한 연배라 자주 점심시간을 함께 보내고, 홈 파티에 서너 번 초대받기도 했다. 미국인은 대개 부부 동반인데 나만 불쑥 혼자 나타나자 그녀는 아마 나를 독신 여성쯤으로 생각했던 모양이다. 무슨 말끝에 남편 이야기를 하자 그녀는 힐책하듯 물었다.

"남편이 있었어요? 그런데 왜 파티에 같이 오지 않나요?"

"아, 남편이 몸이 좋지 않아서요."

간단히 대답하자, 그녀는 "아, 그랬군요. 미안해요."라고 솔직하게 사과했다. 남편이 몸이 좋지 않은 건 사실이었지만 내심 창피했다. 당시의 나는 아내와 인생의 기쁨을 나눌 줄 모르고 일만 아는 남편에게 스스로 체념하고 있었다.

하지만 만일 내가 스스로 체념하지 않고 남편을 졸랐다면 그도 어쩌다 한 번은 응해주었을지 모른다. 그랬다면 우리는 부부 동반으로 제법 즐거운 한때를 가졌을 테고, 그렇게 몇 번쯤 다니다 보면 부부 동반이 익숙해졌을지도 모른다. 하지만 당시의 나는 남편을 억지로 이끌 만큼 부부 관계를 가꾸는 데 열의를 갖고 있지 않았다.

늦은 출산으로 아이가 어렸던 탓도 있다. 모녀지간의 달콤한 관계에 푹 빠져 지내느라 부부 관계는 소홀할 수밖에 없었다. 그렇게 나와 남편의 사이는 조금씩 멀어져 갔다.

하지만 부부는 본래 남이다. 함께 지내는 데 익숙지 않은 세월이 쌓이다 보면 '새삼스럽게'라는 생각이 강해져 어느새 서로 다른 쪽을 바라보게 된다. 여기에 바로 부부 관계의 무서움이 있다.

활기찬 부부 관계 되찾기

부부 관계를 가꾸는 데 말을 아껴서는 안 된다

로버트와 미첼은 부부가 서로 남이라는 걸 분명히 인식하고 있다. 부부는 서로 남이기에 좋은 관계를 만들기 위해서는 더욱 노력이 필요하고, 함께 지내는 데 익숙해져야 한다.

부부 관계의 본질을 간파하고 있던 그들은 부모 관계에 가장 비중을 두어야 했던 양육 기간이 끝나자 적극적으로 관계 회복에 나섰다.

"집 보기 아르바이트 어때요?"

어느 날, 미첼이 내게 아르바이트를 제안했다. 나는 기꺼이 받아들여 그때부터 매주 두 번, 5시부터 11시까지 미첼 부부가 외출할 때 그들의 집을 봐주는 아르바이트를 했다.

그들 부부는 외출할 때마다 정장을 갖춰 입고 나섰다. 미첼도 미인이었지만 로버트도 상당한 미남이라 잘 차려입은 두 사람이 나란히 서면 마치 한 폭의 그림 같았다.

남의 시선에 드러나 긴장하기 때문일까. 집에 돌아왔을 때의 그들은 나갈 때보다 더 눈부신 아름다움을 온몸에 풍기고 있었다. 그들은 서로 칭찬을 아끼지 않으며 마치 상대가 자신의 자부심인 양 굴었다.

"남편과 아내는 남이에요. 마음에 있는 걸 말로 전하세요. 그렇지 않으면 서로 알 수 없어요."

미첼은 부부 관계를 잘 가꾸려면 말을 아껴서는 안 된다고 강조했다. 끊임없이 노력하며 남편과의 사이를 긴밀히 유지해왔기 때문에 미첼은 본격적인 자식의 독립에 당당할 수 있었을 것이다.

평균수명 80세 시대는 부모의 역할로서 각자 존재하기보다 부부로서 함께 보내는 시기가 훨씬 길다. 아이가 자립한 뒤, 부부가 함께 하는 세월은 약 40년에 이른다. 평균수명 80세 시대는 부부의 시대라 해도 좋을 것이다. 그렇기에 부부 관계의 질이 문제가 되어 이혼율도 계속 상승하는 추세다.

이혼이 결코 나쁜 건 아니다. 부부 관계는 때로 서로가 어떤 상대를 만났느냐에 따라 달라지는 경우도 있다. 인간에게는 궁합이라는 것이 있다. 궁합이 안 좋은 사람끼리 젊은 혈기로 결혼을 하면 그들은 자신이 원치 않는 사이 악부, 악처가 될 수도 있다. 하지만 그들도 자신과 궁합이 잘 맞는 상대와 만나면 좋은 남편, 좋은 아내로 멋지게 변신한다.

부부 관계는 상대에 따라 달라지기도 한다

한 부부가 있다. 그들은 자주 말싸움을 하고 때로 맞붙어 싸우기도 한다. 육체의 대화도 이미 사라진 지 오래다. 아내가 이혼 상담을 하러 나를 찾아왔을 때 그들 부부의 관계는 이미 깨져 있었다.

다행스럽게도 그들은 맞벌이 부부였다. 헤어져도 아내의 생계는 문제될 것이 없었다. 회복 기미가 보이지 않는다면 차라리 빨리 헤어지는 게 서로의 새 출발에 좋을 수 있다. 여섯 살 난 딸아이는 부인이 맡았다. 재혼은 딸린 식구가 없는 남편이 빨랐다.

"저런 남자는 남편 될 자격이 없어요."

그녀는 남편에 대해 악담을 했다. 그런데 우연히도 그녀 남편의 재혼 상대는 내가 아는 사람이었다. 전해 들은 이야기로, 그 남편은 전혀 딴사람이 되었다고 한다. 주변에서도 그들을 금실 좋은 부부라 칭하고, 현재의 부인은 "우리 남편은 참 자상한 사람이에요."라고 대놓고 자랑하고 다닌다 한다.

그리고 1년 뒤, 그녀도 아이 딸린 남자와 재혼을 했다. 그녀 역시 행복한 가정을 이루고 살고 있다. 전남편은 입버릇처럼 "여자가 너무 드세."라고 말했다지만, 현재의 그녀는 더없이 편안하고 포근한 아내다.

상대를 바꿈으로써 악부, 악처였던 사람이 전혀 다른 사람으로 바뀔 수 있는 걸 알기에, 사실 이혼을 나쁘다고 단정할 수 없다. 그렇지만 무엇보다 부부가 서로에게 상처주지 않고 오래도록 함께 살며 곱게 늙어갈 수 있다면 그보다 더한 행복은 없을 것이다.

신혼 시절에는 부부가 서로 이름을 부르며 살갑게 지내지만 자녀가 태어나면 어느덧 호칭이 바뀐다. 그러면서 두 사람의 관계는 '부부'보다 '부모'가 우선이 되어버린다.

한창 자녀의 양육에 공을 들일 시기에는 아무래도 모든 관심이 아이에게 쏠리기 마련이다. 아내가 아이와의 관계에 푹 빠져 지내다 보면 어쩌다 일찍 귀가한 남편이 달갑지 않고 오히려 귀찮게 느껴질 때도 있다. 이러한 관계가 지속되면 부부간에 통하는 마음도, 나눌 이야기도 없어지게 된다. 서로 무심한 얼굴로 지내다가 결국 각자의 길로 등을 돌리게 될 수도 있다.

아이가 학교에 들어가고 점차 양육에서 해방될 무렵, 그 때가 바로 부부 관계를 재정비할 시기다. 이때 어떻게 행동하느냐에 따라 앞으로 남은 부부의 시대를 풍요롭게 즐길 수도 혹은 그렇지 못할 수도 있다.

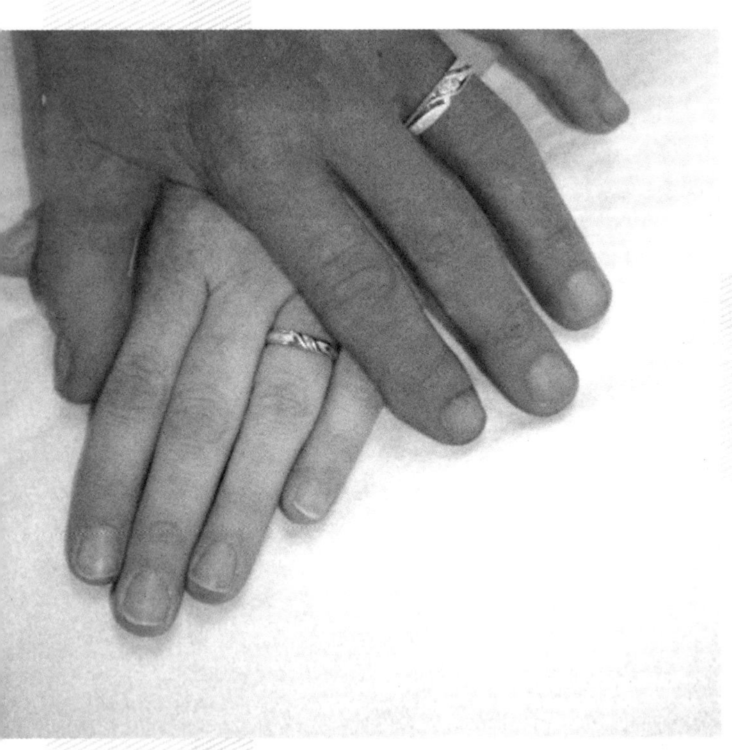

결혼에 상관없이 남녀 모두 독립적 감각을 기르다

인생을 온전히 사는 **짝**이기 위해

그들은 혼자 살 수 있는 사람들끼리 서로 돕고 사는 전형적인 독립적 감각의 부부라 할 수 있다. 사이가 좋지만 몸과 마음 모두 상대에게 기대는 부분이 전혀 없다.

딸의 직업상 서로 엇갈릴 때가 많지만, 혼자 있어도 재미있고 둘이 함께 있는 것도 재미있다고 생각하는 사람들이라 그 양쪽의 재미를 만끽할 수 있는 현재의 삶에 완전히 만족하고 있는 모습이 역력했다.

이러한 독립적 감각을 가진 부부의 다정한 모습을 볼 때마다 새삼 사위를 이렇게 길러낸 그 어머니에게 감사하게 된다. 일찍이 그분은 "아들이 일하는 며느리의 발목을 잡지 않도록 집안일부터 모든 걸 스스로 하도록 가르쳤습니다."라고 당당히 말한 바 있다.

부모에서 이제는 부부로 돌아갈 때

부모 관계의 때를 벗기자

부모라는 위치에서 사는 습관에 완전히 젖어버리면 부부 관계를 바로잡기가 좀처럼 쉽지 않다.

첫아이를 낳고 양육하기까지 대략 결혼 후 10년의 세월이 걸린다고 치면 이 정도의 습관은 아직 피부가 되지 않은 때에 불과하다. 그렇다면 비누칠을 해서 힘주어 빡빡 문지르면 깨끗이 떨어질 수 있다.

이러한 '때 벗기기'에 성공한 한 부부가 있다. 아내가 먼저 적극적으로 나섰다. 그녀가 우선 시작한 일은 부부가 서로

'누구 엄마, 누구 아빠'로 부르는 습관을 고치는 것이었다.

그들 부부는 아이가 태어나기 전까지만 해도 서로의 이름을 불러왔다. 남편은 기분이 좋을 때는 아내를 애칭으로 부르기도 했다. 그러다가 어느새 '누구 엄마, 누구 아빠'로 바뀐 것이다.

어느 날, 그녀는 아이를 재우고 남편과 차 한잔하며 이야기할 시간을 가졌다. 그녀는 용기를 내서 슬쩍 그의 이름을 불렀다. 10년 가까이 잊고 살던 습관이라 처음에는 왠지 멋쩍고, 목에 가시가 걸린 듯한 느낌이었다고 한다.

아내가 갑자기 자신의 이름을 부르자 남편은 잠시 눈을 깜빡거리며 어색한 듯 크게 웃었다. 그 뒤로 그녀는 계속 남편을 이름으로 불렀고, 어느새 때처럼 눌어붙어 있던 '누구 엄마, 누구 아빠'로 부르던 호칭 습관이 씻겨나가 남편도 자연스레 아내를 이름으로 부르게 되었다.

"내가 커피 끓여줄까? 젊었을 때는 커피 끓이는 데 명수였다고."

이름을 부르면 애정도 살아나는 걸까. 늘 시키기만 하던 남편이 옛날 솜씨를 뽐내기까지 했다.

그다음, 아내는 연애 시절처럼 남편에게 정성을 담은 선물을 준비했다. '사랑을 담아'라고 쓴 카드와 함께 손수 짠 스웨터를 남편의 생일날 선물했다. 남편의 생일은 11월 23일, 아내의 생일은 3월 15일이었다. 남편은 아내의 생일을 잊지 않고 생일 선물을 건네주었다. 꽃무늬 포장지로 감싸고 예쁘게 리본을 두른 작은 상자였다. 그 안에는 하트 모양의 순금 펜던트가 들어 있었다.

결혼기념일에는 둘이서 영화를 보러 가기로 했다. 출근하는 남편에게 미리 예매한 영화표를 건네자 그는 어색한지 머리를 긁적거렸다. 그날 남편은 다소 들뜬 마음으로 출근을 했다. 아내는 오랜만에 미용실에 들러 머리를 손질하고 약속 장소로 나갔다.

한껏 멋을 낸 두 사람이 영화를 본 지는 10년 만이었다. 의자에 나란히 앉은 두 사람의 어깨가 잘 어울렸다.

'남편의 체온이 이렇게 따뜻했었나…….'

아내는 연애 시절의 애틋했던 마음으로 영화를 즐겼다.

이혼 환상을 부풀린 아내의 선택

영화가 끝난 뒤, 두 사람은 레스토랑에서 식사를 하며 극장에서 본 영화에 대해 이야기꽃을 피웠다.

"이런 시간도 나쁘지 않군."

남편의 말에 아내도 고개를 끄덕이며 수긍했다.

생일 선물 교환, 결혼기념일 데이트……. 5년이 지난 지금까지도 이 부부는 연애하듯 부부 관계를 가꿔가고 있다. 이제는 같이 다니는 데 익숙해져서 오페라나 연극, 평판 좋은 영화도 가끔 단둘이 보러 간다.

"엄마 아빠가 다 늦게 신혼여행 간대."

엄마 아빠만 1박 2일로 여행을 다녀오겠다고 아이들에게 말하자, 그 즉시 딸아이가 친구에게 전화를 걸어 들뜬 목소리로 떠들었다고 한다.

이렇게 단란한 부부 관계를 영위하고 있는 아내는 실은 이혼을 생각하고 내게 상담을 받으러 왔던 사람이다.

아이 양육에서 해방되어 자기 상실감에 빠지는 시기의 여자들 중에는 이혼 희망 비대증에 걸리는 사람이 제법 있다.

아이 양육에서 해방되어 겨우 한숨 돌렸을 때 어떻게 할 수 없는 허전함에 휩싸여 그로부터 벗어나기 위해 이혼 환상에 빠지는 것이다.

육아기에는 남편과의 사이가 소원해져 있다가 시간이 지나고 어머니로서의 역할이 필요해지지 않을 무렵 우습게도 남편은 직장인으로서 궤도에 오르기 시작하는 시기라 아내의 마음속에 뚫리기 시작한 구멍을 돌아볼 여유가 있을 리 없다. 그러다 보면 각자의 역할에 대한 충실도가 점점 격차를 드러내 아내의 허전함은 심화되고, 결혼 생활에 대한 회의를 가지게 된다. 그리고 마침내 아내는 회색빛 나날이 장밋빛으로 바뀌리라는 막연한 기대에 빠져 이혼에 대한 환상을 한없이 부풀린다.

이러한 환상에 빠져 이혼을 단행하지만, 공허함에서 벗어나기는커녕 생활고의 무게에 짓눌려 더욱 비참한 기분으로 상담을 하러 오는 여자들의 발길이 끊이지 않는다.

대체로 이혼한 여자들은 살기 위해, 생활을 위해 일을 시작한다. 분명 겉보기에는 경제적으로 자립하지만 미처 성숙하지 못한 정신적 자립으로 인해 초조감과 불안감에 휩

싸이며 전남편보다 더 질이 나쁜 남자에게 매달리는 경우도 있다.

또한 경제적으로 단번에 바닥으로 떨어질 수도 있다. 몇십 년을 전업주부로 살던 변변한 기술 하나 없는 여자가 어느 날 갑자기 고소득을 올릴 리 없다. 이렇듯 생활고가 닥치면 한층 더 남자의 존재가 절실해진다.

따라서 만일 진심으로 이혼할 결심이 섰다면, 우선 결혼 생활을 유지하면서 일을 시작하라고 권하고 싶다. 이 정도면 이제 멋지게 혼자의 힘으로 일어설 수 있겠다 싶은 확신이 든다면 그때 이혼해도 늦지 않다.

실제로 이혼을 단행하는 사람은 상담자의 5분의 1도 되지 않는다. 혼자 아이 기르며 일까지 해야 하는 힘든 현실에 체념하기도 하고, 실제 일을 경험해 보고 힘겨움에 마음이 약해져버리는 사람도 있다.

하지만 경제적으로 자립한 대부분의 여자들은 달리 살아갈 방도가 없어서가 아니라, 이혼을 하든 결혼을 유지하든 자신이 자유롭게 선택하는 입장이 됨으로써 오히려 기꺼이 결혼 생활을 유지해나가고 있다.

인생의 궤도 수정은 자유롭게

아내의 이혼 환상 대 남편의 전직 환상

앞서 '때 벗기기'에 성공한 그녀 역시, 우선 결혼 생활을 지속하며 자립을 준비하라는 충고를 받아들여 직업소개소를 찾아갔다. 그녀가 선택한 직업은 화장품 회사의 판매직이었다.

"출퇴근하지 않고 자유롭게 시간을 쓸 수 있는 일이라 마음에 들었어요. 처음에는 같은 아파트 단지 사람들을 대상으로 판매를 시작했어요. 낮에 집에서 메이크업 강좌도 열고요. 집에만 틀어박혀 있을 때는 몰랐는데 일을 시작하니 저의 사교적인 성격과 능력을 마음껏 발휘해나갈 수 있었어요. 남편에게 뭐라 말할 수 없는 막연한 불만이 많았는데 일을 하면서 자신감이 생기니까 그제야 알겠더라고요. 그 불만은 남편이 원인이 아니라 제 삶에 대한 불만이 해소되지 못한 채 남편에게 향해 있었다는 걸요. 그걸 깨달으니 결혼 생활에 대해서도 다시 생각하게 되었어요. 결혼이 문제가 아니라, 내가 어떻게 사느냐에 따라 인간으로서 자립할 수 있다는 확신이 들면서 결혼 생활을 지속해나가기로 마음을 바꿨어요."

그녀는 직접 일을 함으로써 돈을 번다는 게 결코 쉬운 일이 아님을 알았다. 그전까지는 매달 남편의 월급을 마치 자신의 것인 양 가졌고, 때로 돈이 적다고 불평하기도 했다. 하지만 직접 나가 일을 해 보니 왠지 남편이 애처롭게 느껴졌다. 어느 날 밤, 남편이 불쑥 말했다.

"가끔, 월급쟁이를 벗어나는 꿈을 꾸곤 했었어."

'했었어'라는 과거형을 쓰는 걸 보면 지금은 그렇지 않다는 것이겠지만, 한 집안을 지탱하기 위해 남자는 당연히 일을 해야 하는 거라고 믿어왔던 그녀는 남편이 털어놓은 말에 적잖은 충격을 받았다.

자신이 이혼 환상에 빠져 고민하고 있을 때, 남편도 직업을 바꾸고 싶은 고민에 빠져 있었다니……. 그러자 뭔가 남녀 사이를 가로막고 있던 벽이 일시에 무너지는 듯한 느낌을 받았다고 한다. 방황하며 사는 인간으로서의 동질감이 가슴 뭉클하게 다가왔다고 할까.

"저만 그런 줄 알았어요. '남편을 잘못 선택했느니, 쓸모없는 사람을 만났느니' 하면서 남편 얼굴조차 보기 싫었어요. 그때 남편은 나름대로 '직업 선택을 잘못한 게 아닐까, 좀 더 다른 방면으로 나를 살릴 수 있지 않을까' 하고 자신의 상황에 초조해하고 있었겠죠. 남편과 아내가 맡고 있는 역할이 달라 한쪽은 일에 대한 환상, 한쪽은 이혼 환상의 다른 형태로 드러나지만 모두 한 꺼풀만 벗기고 보면 나약하고 애처로운 그저 보통의 인간이죠. 생각해보면 일이든 결혼이든 인생의 출발선에 갓 들어선 미숙한 시기에 결정하니까 본래 최선의 선택을 할 수가 없는 것 같아요.

차창 밖의 경치는 스치듯 빠르게 지나가잖아요. 그처럼

취직, 결혼, 출산, 육아가 정신없이 닥치면서 그동안 우리는 자신이 제대로 된 선택을 했는지 살필 틈조차 없이 바쁘게 살아온 것 같아요. 그러다가 여유가 생길 즈음 삶을 돌아보면 오늘 같은 내일, 내일 같은 모레가 반복되고 있음을 알게 되죠. '그저 이렇게 일생을 보내게 되는 건가. 무슨 재미로 사나' 하는 생각에 미치면, 그제야 자신의 지난 선택들이 옳았는지 뒤늦게 곱씹게 되죠. 어느새 젊음이 스치듯 사라지고 중년의 나이가 되어서요. 남편 역시 그랬나 봐요. 왜 그걸 모르고 살았는지 왠지 미안한 마음이 들었어요."

종종 전직 환상에 빠져 방황하는 남자들이 상담을 하러 찾아오곤 한다. 그중 은행원인 한 남자가 있다. 그는 1남 1녀의 아이를 두고 있다.

"직장 생활은 제 적성에 맞지 않아요."

그는 대학 졸업 후 곧바로 은행에 취직했다. 업무를 익히고, 직장 안의 인간관계에 익숙해지기 위해 동분서주하던 신입 시절에는 시간이 참 빨리 갔다고 한다.

결혼해 자녀가 태어나면서부터 그는 남편과 아버지로서

의 새로운 역할을 떠맡으며 나름 인생의 드라마를 즐겨왔고, 처자식을 책임져야 하는 자신의 역할에 보람을 느끼며 긴장을 늦추지 않고 살아왔다. 그러던 그는 인생 중반을 맞으면서 왠지 모를 침체되고 정체된 느낌에 빠지기 시작했다.

"아내는 아이들의 엄마로서만 존재하고, 자식들은 아빠와 함께 나눈 시간이 없다 보니 저를 멀리하는 듯했어요. 마치 저는 그들에게 있어 돈 벌어다주는 기계가 아닌가 하는 기분이 들었어요. 직장 일도 익숙해지다 보니 더는 새로울 것도 없고, 승진에 대한 꿈도 사라진 지 오래예요. 기껏해야 지점장, 그다음은 정년을 맞겠지 싶어 발걸음이 무거워요."

현재 자신이 놓인 상황을 냉정하게 바라보자

"월급을 갖다줘도 고맙다는 말도, 수고했다는 말도 없어요. 그건 그렇다 치고 금액이 적다는 내색조차 감추지 않아요. 견딜 수가 없습니다. 단 한 번인 인생입니다. 처자식 부양하려고 태어난 것도 아니고, 상사의 비위나 맞추려고 태어난 것도 아니잖습니까. 이제 남의 돈만 세는 하루하루가 진저리가 나요. 뭔가 좀 더 생산적인 일을 하고 싶어요. 시골로 내려가 소나 기르며 사는 게 더 인간적인 노동이 아닐까, 맘에 들지 않는 상사에게 사표를 내던질 수 있다면 얼마나 속이 후련할까 하는 생각에 요즘은 잠을 자면 꿈속에서 사표를 던지고 있어요."

덧붙여 그는 시골에서 소를 키우며 사는 꿈같은 이야기를 장황하게 늘어놓았다. 물어보니 아내에게는 한 번도 이런 말을 꺼내지 않았다고 했다.

말해봐야 "그래도 당신은 애들 아빠잖아. 무책임한 소리 좀 작작해."라고 차갑게 내뱉든가, 미친 듯이 난리를 칠 게 뻔하다며 그는 고개를 내저었다.

아내의 이혼 환상에 대해 남편은 모른다. 남편의 전직 환상에 대해 아내는 모른다. 하지만 만일 그들이 각자 품고 있는 환상을 서로 나눈다면, 그 환상은 안개가 걷히듯 서서히 사라질 것이다. 또한 공통분모를 똑똑히 인식해 서로의 인생을 수정해나갈 수도 있다.

환상은 본래 실현 불가능하다고 생각할수록 더욱 부풀어 오르기 마련이고, 결국에는 그 환상에 짓눌려 인생의 본 궤도를 이탈하는 때가 종종 있다.

아내가 남편의 월급에 기대고 사는 한, 좀처럼 이혼은 실현시키기 어렵다. 그러므로 날이 갈수록 '만일 이혼할 수 있다면 이런 것도 할 수 있고, 저런 것도 할 수 있다. 그러니 분명 내 인생은 180도 바뀔 것이다'라는 막연한 희망이 점차 현실이 되어 이혼을 마치 호박을 마차로 바꾸는 마법사의 지팡이로 믿게 되는 것이다.

남편도 마찬가지다. 직장 생활을 벗어날 수 있다면, 직업을 바꿀 수 있다면 공허한 회색빛 나날이 가슴 뿌듯한 장밋빛으로 변하리라는 환상이 한없이 부풀어간다.

그리고 점차 서로를 자신의 발목을 붙잡고 있는 존재로 보고, 어느덧 원망이 쌓여 냉랭한 관계로 빠져드는 부부가 결코 적지 않다.

모두가 당당히 스스로 벌어 살아가는 독립적 감각을 가지고 있다면 이혼이든 전직이든 하려고 마음만 먹으면 결코 불가능한 것이 아니다. 언제든 실현 가능해지면 환상에서 풀려나 자신이 놓인 상황을 냉정히 바라볼 수 있지 않을까.

'때 벗기기'를 실현한 그 부부 역시, 아내가 일을 시작하자 남편은 직장에서 벗어난다는 게 그저 환상이 아님을 알고 오히려 그전보다 진지하게 현재의 일에 모두하게 되었다고 한다. 그러므로 그는 과거형으로 '했었다'라고 말할 수 있었던 것이다.

일이 단순한 의무가 아니라 인생을 선택하며 살기 위한 중요한 수단이라는 것을 깨닫는 순간 환상에서 해방될 수 있다.

앞서 예로 들은, 은행원으로 일하고 있는 그 역시 자신의 현재 상황이나 직장 생활을 자유롭게 선택할 권한을 가지게 된다면 현재의 침체감이나 정체감이 그 누구의 탓도 아닌 자기 자신의 인생관, 인간관의 결핍에서 비롯되는 것임을 깨닫지 않을까.

바야흐로 평균수명 80세 시대다. 미숙한 청년기의 선택이 아무런 문제없이 60년이나 지속될 리 없다. 사람은 나이를 먹으며 살아가는 동안, 옳든 그르든 판단이나 사고가 변하기 마련이다. 변화야말로 인간의 본질이다. 설사 젊은 시절의 선택이 옳았더라도 중년기를 맞으면서 왠지 모르게 자신과 안 맞는다고 느낄 수도 있다.

40대 중반에 이르면 날씬했던 젊은 시절 입었던 스커트나 바지가 맞지 않듯 인생 초기의 선택이 맞지 않는 건 당연한 일이 아닐까. 만약 평균수명이 50세라면 변화를 포기하고 단념을 선택할 수도 있지만 인생을 80년간 산다면 맞지 않는 옷을 입고 견뎌낼 재간이 없다. 다시 선택함으로써 인생의 궤도를 수정해야 한다. 그것이 바로 인생인 것이다.

나도 지금껏 인생의 궤도를 얼마나 많이 수정해왔는지 모른다. 남편도 몇 차례 전직을 했다. 현재 우리 두 사람 사이에 우호 관계가 성립해 있는 건 인생의 궤도 수정을 자유롭게 할 수 있도록 서로 인정하고 살아왔기 때문이라고 말할 수 있다. 남편과 나는 젊은 시절의 선택은 늘 잘못이 따른다는 데서부터 공동생활을 출발시켜왔다.

인생은 길다. 만일 부부가 평균수명을 온전히 살 수 있다면 부부 관계는 대략 5~60년의 긴 세월에 이른다. 젊은 시절의 잘못된 선택을 참고 살기에 그 세월은 까마득하다.

보통 '뭔가 잘못되어가고 있음을, 잘못된 선택을 했음을' 깨닫는 때는 외적인 조건의 변화가 잠잠해지는 시기다. 즉 겉보기에 안정적으로 안착하는 인생 중반에 이르면 마음이 요동치는 것이다. 이때부터는 자신의 외적인 조건을 바꾸기 위해 노력할 것이 아니라, 자신의 힘으로 인생의 풍경을 바꾸기 위해 사는 것이 중요하다. 가정이 있는 경우, 인생의 궤도를 수정할 자유를 서로 인정할 수 있는 부부 관계를 만들어가야 한다.

인생의 풍경을 스스로 바꿀 용기

일시적인 열정보다는 자신의 인생을 선택한다

결혼한 지 38년, 평탄한 길만 걸어온 것은 아니다. 이혼의 위기도 몇 번이나 넘겼다. 남편에게 여자가 생긴 적도 있고, 내가 남편 이외의 남자에게 마음을 빼앗긴 적도 있다.

집에서의 남편은 게으른 모습밖에 보여주지 않았다. 하지만 밖에서 일하는 남자는 긴장감 넘치고, 자신이 가진 최고의 매력을 발산한다. 일을 가진 아내가 남편 이외의 남자에게 빠지는 마음을 단순히 부도덕하다고 몰아세울 수 없는 이유는 많은 부부가 서로에게 긴장감이 없기 때문이다.

이성 문제로 상담하러 오는 여자들은 주로 자신의 젊음이 조금씩 퇴색해가고 있음을 몸소 느끼며, 그 젊음의 자취를 놓치지 않기 위해 허덕이기도 하고, 자신이 살아 있음을 실감하고 싶어 한다. 그녀들은 자녀 양육에 매달리느라 숨겨왔던 '여자'의 부분을 일시에 발산하고 싶어 한다. 하지만 아이 엄마나 주부로밖에 봐주지 않는 남편의 시선으로 인해 좌절하고 절망하고, 또는 그 사실을 회피하며 무작정 '사랑'으로 치닫는 경우도 있다.

남편이 아닌 다른 남자에게 마음을 빼앗긴 때, 그때의 나는 여러 감정이 뒤섞여 있었을 것이다. 엄마인 것도, 아내인 것도 잊고 마치 단 한 번도 남자를 사랑한 적 없는 여자처럼 한 남자에게 빠져들었다.

생각해보면 사랑은 비일상적인 감정이다. 하지만 남편과 아내의 관계는 일상 위에 있다. 서로에게 더 많이 노력하지 않으면 금세 열정이 식는다.

내가 빠진 사랑이 비일상적임을 깨달은 건, 북적이는 인파 속에서 가족과 함께 있는 그 남자를 우연히 목격했을 때였다. 내 마음을 매료시킨 그만의 눈부신 광채가 완전히 사라지고 거기에는 지친 표정의 한 가장이 있었다. 그때 문득 생각이 스쳐 지나갔다. '지금 나는 그의 연인이다. 지금 저 남자는 자신의 모든 열정을 내게 쏟아붓고 있지만, 막상 결혼하면 저 사람은 지금처럼 축 늘어진 고무줄 같은 표정을 보이겠지.'

그와 나눈 대화를 이리저리 떠올려보았다. 인간관, 인생관은 남편 쪽이 훨씬 낫다. 순간적인 열정에 빠져 유리와 다이아몬드를 혼동하는 일이 있어서는 안 된다.

나는 내가 가꿔온 인생을 소중히 생각했고, 어떤 인생을 살겠다는 대강의 인생 설계도 완성하고 있었다. 그 인생을 일시적인 열정과 쉽게 맞바꿀 수는 없었다. 말하자면 쏘아 올린 불꽃같은 열정이 아닌, 묵직한 내 자신의 인생을 이때 나는 선택한 것이다.

하지만 이건 이성의 문제고, 감정은 다른 차원의 일이다. 빨려 들어가는 감정을 어르고 달래는 데 얼마나 많은 세월이 필요했던가. 눈물로 베개를 적시며 숱한 밤을 보냈다. 짐승처럼 복받쳐 오르는 신음을 억누르기 위해 얼마나 많이 애썼던가. 피가 나올 만큼 입술을 깨물어가며 필사적으로 원고지에 매달려 글을 썼다. 그때 완성된 것이 《사랑하면 고독하다》이다.

이성 문제로 고민하는 여자들에게 나의 경험을 있는 그대로 이야기한다. 열정적으로 사랑하는 건 멋진 일이다. 하지만 무엇보다 멋진 일은 자신의 인생을 가꾸고 자신의 인생을 사는 것이다. 때로는 내 인생보다 더 좋은 남자는 없다고 허세를 부려보기도 한다. 힘든 이별의 시간을 겪으며 긴 세월을 보내고 나는 지금껏 이 말을 실감하며 살아왔다.

남편과 헤어지고 그 사람과 결혼은 하지 않은 채 살아도 좋고, 남편 곁에 있어도 좋은 내 스스로 자유롭게 선택할 수 있는 경제력이 없었다면 그때의 나는 조급증이 더해져 오로지 파멸의 길로 치달았을 것이다. 그리고 만일 글을 쓰는 자기표현 수단을 갖고 있지 않았더라면 이성으로 감정을 비틀어 누를 수 없었을 것이다.

결과의 책임은 모두 자신의 몫

남편 이외의 사람을 사랑한 데 대해 후회하는 마음은 조금도 없다. 나는 그 사람을 사랑하면서, 무슨 일에도 주눅 들지 않고 모든 결과에 대해 스스로 책임진다는 각오 아래 그를 만났다.

하지만 남편 이외의 사람을 사랑하는 데는 엄연한 책임 문제가 따른다. 남편에게 알려져 이혼을 당할까 봐 눈치나 살핀다든가, 눈물을 질질 짜면서 남편에게 외도를 고백하고 다시금 사랑을 확인받으려고 하는 건 너무 비열하고 유치한 짓이다. 아무리 결과가 비참할지라도 그 모든 것을 본인의 가슴속에 묻어두고 의연히 살아가는 것이 남편에 대한 최소한의 예의가 아닐까.

남편 이외의 사람과 사랑에 빠져 고민하다가 상담을 받으러 찾아온 여자들에게 나는 자기표현 수단을 익히도록 권하고 있다. 그것이 무엇이든 한 가지 일에 몰두할 수 있는 습관을 들이다 보면 지루하게만 느껴지던 인생의 풍경이 점차 변하기 시작한다. 또한 인생에 맛을 들이다 보면 끓어오르던 남자에 대한 열정도 어느새 식어버린다.

그러한 경우의 한 여자가 있다. 1남 1녀의 자녀를 두었고, 남편은 어느 전기 회사의 기술자로 한 달의 반은 지방 공장으로 출장을 간다. 부부간의 대화는 거의 없다. 이따금

찬바람이 몸을 훑고 지나간다.

"어느 날, 우연히 고등학교 때 친구를 만났어요. 은근히 맘에 두었던 친구라 반가웠어요. 카페에서 차 한잔 시켜두고 시간 가는 줄 모르고 대화를 했어요. 아주 오랜만에 단 하루 만나 이야기했을 뿐인데 온통 마음이 그 사람한테 기울었어요. 그 뒤로 시간 나는 대로 계속 만나게 됐어요."

그녀에게 가족이 있는 것처럼 그에게도 가정이 있었다. 이른바 불모의 사랑. 장애가 있기에 그만큼 열정이 타올랐으리라. 두 사람의 관계는 그렇게 1년쯤 지속되었다.

"언제까지 끌고 갈 관계가 아니라는 건 알고 있었어요. 그렇지만 그와 헤어진 뒤의 허전함을 견딜 용기가 나지 않았어요. 끝내자, 아니 그럴 수 없다 수없이 고민하며 이러지도 저러지도 못하고 제자리를 맴돌았어요."

그녀는 한 가지 일에 몰두하기 위해 재봉틀을 배우기 시작했다. 텅 빈 듯했던 집 안에 큼지막한 재봉틀을 들여놓으니 다소 여유로운 분위기가 조성되었다. 그녀는 틈만 나면 재봉틀로 이것저것 만들었다. 베개 커버, 식탁용 깔개 등 하나하나 완성할 때마다 인생이 풍요로워지는 느낌을 받았다. 뻥 뚫렸던 마음에 서서히 기쁨이 차올랐다.

그리고 그녀는 깨달았다. 다른 남자에게 마음이 기울었던 건 사랑이 아니라 공허함을 메우기 위한 것이었음을. 대상은 그가 아니라도 좋았다.

3년이 지난 지금, 그녀는 상품이 될 만한 것들을 만들기 시작했다고 한다. 이렇듯 인생의 풍경은 시시각각 변한다.

"만일 연애로 내 인생을 바꾸려 했다면 아마도 끊임없이 남자를 갈아치워야 했을 거예요. 그랬다면 아마도 자괴감에 빠졌겠지요. 그래도 그 사람을 만난 덕에 혼자 힘으로 인생을 변화할 방법을 찾은 셈이네요. 그와의 추억은 앞으로도 마음속에 소중히 간직해둘 겁니다."

그녀에게서 손수 만든 머플러를 선물 받았다. 살짝 얼굴을 붉히며 남편의 조끼를 만들고 있다고 말하는 그녀의 모습이 행복해보였다. 그녀는 마음이 충만해지니 남편에게 진실로 따뜻해질 수 있었다는 말을 덧붙였다.

혼자 살 수 있는 사람은 둘이서도 잘 산다

독립적 감각의 부부 관계를 유지하다

딸의 결혼을 반대한 것이 부끄러울 정도로, 현재 그들 부부의 모습은 더할 나위 없이 보기 좋다.

사위는 결혼 전까지 3년간 혼자 생활을 했다고 한다. 집안일도 무리 없이 해내는 완벽하게 자립한 남자다.

어느 일요일 저녁, 주간 근무를 마친 딸아이가 혼자 우리 집에 놀러왔다. 저녁을 먹으러 온 줄 알았더니 그게 아니었다.

"그 사람이 자기가 저녁 준비할 때까지 친정에서 놀다가 들어오래. 일하느라 많이 피곤할 거라면서 쫓아내잖아."

딸아이는 기쁜 듯이 말했다. 교대 근무를 해야 하는 딸에 비해 사위가 시간적으로 훨씬 여유 있어, 그 시간을 살려 집안일을 하는 것이다.

"결혼하니까 정말 편해."

딸은 4년간 독립해 살면서 혼자 집안일을 해왔다. 집세나 생활비 역시 전부 자기 몫. 하지만 결혼 후에는 생활비와 집세뿐 아니라 가사 노동도 남편과 절반으로 나누게 되었으니 결혼 후 편해졌다는 말이 진심일 것이다. 딸아이만 덕을 보는 게 아닌가 싶어 슬쩍 사위에게 물었더니 그 역시 결혼해서 편해졌다고 한다.

"저도 3년을 혼자 살았잖아요. 그때에 비하면 많이 편해졌죠. 첫째, 가사 노동이 3분의 1쯤 줄었죠. 둘째, 지출은 모두 절반이니 당연히 2분의 1쯤 여유가 생겼죠. 셋째, 둘이서 버니까 인간성을 버릴 만큼 일에 안달하지 않아도 되죠. 넷째, 혼자 사는 것보다 둘이 사는 게 재밌죠. 다섯째, 1 더하기 1은 2니까 모든 가능성이 두 배가 되었죠."

그들은 혼자 살 수 있는 사람들끼리 서로 돕고 사는 전형적인 독립적 감각의 부부라 할 수 있다. 사이가 좋지만 몸과 마음 모두 상대에게 기대는 부분이 전혀 없다.

딸의 직업상 서로 엇갈릴 때가 많지만, 혼자 있어도 재미있고 둘이 함께 있는 것도 재미있다고 생각하는 사람들이라 그 양쪽의 재미를 만끽할 수 있는 현재의 삶에 완전히 만족하고 있는 모습이 역력했다.

이러한 독립적 감각을 가진 부부의 다정한 모습을 볼 때마다 새삼 사위를 이렇게 길러낸 그 어머니에게 감사하게 된다. 일찍이 그분은 "아들이 일하는 며느리의 발목을 잡지 않도록 집안일부터 모든 걸 스스로 하도록 가르쳤습니다."라고 당당히 말한 바 있다.

부부 관계에서 따뜻함을 느낄 수 없는 어머니들은 무의식중에 아들을 남편이나 연인 대신으로 돌보는 경향이 있다. 그런 어머니에게서 성장한 아들은 집안일에 완전히 무능하고, 아내를 시중꾼 정도로 여기는 남자가 되고 만다. 그 때문인지 아들 내외의 가정사를 상담하러 오는 어머니가 최근 부쩍 늘어나고 있다.

지금이 바로 부부 시대의 출발선

인생을 온전히 살기 위해

부부 관계에 있어 자녀가 차지하는 비중은 얼마나 될까? 실제 연구에서는 자녀를 가지지 않은 부부일수록 서로에게 보다 에너지를 쏟고, 긴장감을 지속시켜 나간다고 한다.

'자식이 부부 관계를 더 견고하게 만든다'는 발상은 아이를 많이 낳던 평균수명이 50세이던 시대의 유물일 수 있다. 평균 자녀수가 1.5명인 현시대에 있어 자식이 부부간의 정을 잇는 역할을 하는 기간은 무척 짧다. 그 기간이 지나면 부부는 다시 둘만 사는 상황을 맞이한다.

결혼한 지 13년 된 한 부부가 있다. 두 사람 사이에는 아이가 없다. 이들은 신혼 때만 해도 아이가 뛰노는 가정을 꿈꾸었다.

"결혼 1년 뒤, 임신을 했어요. 4개월쯤 됐을 때 쇼핑을 나갔다가 어린아이와 부딪혀 바닥에 나동그라졌는데 유산이 되었어요. 그 뒤로는 아이를 낳을 수 없는 몸이 되었고요. 당시만 해도 앞날에 대한 고민으로 잠도 못 자고 힘들었지만 생각을 바꾸기로 했어요. 아이 없는 제 인생을 받아들이고 살아갈 수 있는 길을 진지하게 생각했어요. 그때 남편이 제게 그러더군요. '평생 아이만 보고 살아갈 거 아니잖아. 어차피 부부가 서로 돕고 사는 시대니까 아이는 있어도 그만, 없어도 그만이야.'

그러고 다시 일을 시작했어요. 약사 면허가 있어서 인근 약국에 취직했다가, 2년 뒤에는 종합병원으로 옮겼어요. 일하다 보면 부부가 손잡고 병원 오는 모습을 종종 보는데, 대개 정년퇴직한 남편들이 우울증에 걸려서 오는 경우였어요. 부인한테 부축 받으며 병원에 와서 우울한 표정으로 앉아 있는 사람들을 보며 종종 남편을 떠올렸어요. 그러면서 남편에게 잘해야겠다는 마음이 들어 제가 해줄 수 있는 일이 뭘까 생각했어요. 남편이 편하게 일할 수 있도록 내가 가려운 곳을 긁어주며 내조를 하면 부부 사이가 더욱 긴밀히 연결되지 않을까 싶었지만 제 생각은 틀렸어요. 남편을 가정에서 멀리 둘수록 그건 그 사람을 외롭게 하는 일이었어요. 정년퇴직 후 우울증에 빠지는 남자들은 보통 아내에게 가정을 전부 맡기고 일에만 빠진 사람들이었어요. 어느 한 부인은 제게 이런 말을 했어요. '정년 후의 인생이 이렇게 길 줄 미리 알았다면 남편과의 관계를 바꿔보려고 노력했을 텐데……. 남자들도 참 안됐어요. 정년퇴직하고 나면 가정이든 동네든 어디 갈 곳조차 없으니…….'

그날 밤, 남편에게 병원에서 들었던, 정년퇴직 후 우울증을 앓고 있는 남자들에 대한 이야기를 들려주었어요. 남편은 말없이 귀를 기울이고 있다가 이렇게 툭 한마디 던지더군요. '인생을 온전히 살지 않으면 살아온 보람이 없겠지.'"

그날 이후 이 부부에게는 '인생을 온전히 산다는 게 무엇일까'가 대화의 주제가 되었다고 한다. 아내, 남편에 대해서가 아니라 인간 자체를 두고 이야기하는 동안 두 사람 사이에는 점차 깊이 있는 대화를 나눌 수 있는 토대가 갖춰졌다고 한다.

부부 시대의 출발선

얼마 뒤, 남편은 '인생을 온전히 산다는 것'에 대해 자기만의 결론을 내렸다고 한다. '인간이라면 자신의 생명을 스스로 영위할 수 있어야 한다.' 그 후 남편은 조금씩 자신의 일을 직접 해나가기 시작했다.

"살림해 본 적이 없는 사람이라 처음에는 손놀림이나 몸동작이 불안하고 서툴렀어요. 한 2년 지나니까 익숙해졌는지 점점 좋아지더라고요. 빨래도 하고 요리도 하고요. 처음 얼마간은 빨래를 제대로 헹구지 않아 옷에서 냄새가 났어요. 기묘한 맛의 음식을 내놓은 적도 있고요. 설거지한 접시에 기름 자국이 그대로 남아 있거나, 소중히 다루던 식기 여기저기에 이가 빠지기도 했죠. 하지만 저는 한 번도 남편에게 뭐라고 하지 않았어요. 그저 구경꾼의 입장에서 성원과 박수를 보냈죠."

두 사람은 함께 인생의 즐거움에 탐욕스럽게 파고들었다. 연극, 뮤지컬, 오페라 등 처음 접하는 분야가 많았지만 제각기 독특한 매력이 있어 한번 발을 들여놓기 무섭게 부지런히 즐기러 다녔다.

아무리 그래도 부부는 타인이다. 남편이 좋아해도 아내의 마음에 들지 않는 것도 있다. 또는 아내는 마음에 들지만 남편에게는 지루한 것도 있다. 그런 때는 서로 강요하지 않고 부부가 따로 즐기는 개별 행동을 했다.

홈 파티도 해마다 대여섯 번 연다. 파티라고 해서 특별난 것이 아니라 양쪽 친구 7~8명을 집에 초대하는 것이다. 부부 사이에 다른 사람이 끼어들면 남의 시선을 통해 서로 긴장한다. 타인의 존재가 없이는 부부 사이에 긴장을 유지하기 어렵다는 게 그들 부부의 주장이다.

"부부 사이가 좋다고 하면 곧바로 착 달라붙어 있는 모습을 떠올리기 쉽지만 그런 폐쇄적인 관계는 아무래도 숨이 막히고 왠지 서로가 지겨워지기 십상이죠. 오히려 적당히 거리를 두고 그 사이에 다른 사람을 자꾸 들어오게 해야 긴장이나 새로움을 유지할 수 있다고 봐요. 적어도 우리 경우는 그래요. 홈 파티를 열 때는 부부가 모두 주인이 되잖아요. 그러니 그날 둘 사이가 서먹하면 초대받은 손님도 어색해하죠. 예를 들어, 전날 밤에 다소 언쟁을 했어도 손님 앞에서 티를 낼 수는 없잖아요. 초대한 사람들에게 폐가 되지 않도록 부부가 서로 자제하는 만큼 긴장을 하게 돼요.

또 하나, 타인의 시선을 통해 보면 남편이 새롭게 느껴져요. '아니, 저 사람이 저렇게 말솜씨가 좋았나', '응? 제법 괜찮은 남자네.' 하고 말이죠. 남편도 그런 식으로 저를 다시 보게 되지 않을까 싶어요. 인간은 타인에게 좋은 면을 보이려고 끊임없이 노력함으로써 전혀 색다른 면이 나온다고 생각해요. 부부간에도 그런 색다른 순간이 없으면 서로 결점만 눈에 띄게 되겠죠. 남편과 아내에게 있어 타인의 존재는 필수라는 걸 최근에 문득 깨닫게 되었어요."

이 부부가 각자 독립적 감각을 키워가는 데는 그럭저럭 10년의 세월이 필요했다. 독립적인 감각은 노력만 아끼지 않는다면 후천적으로 키워갈 수 있음을 그들이 멋지게 입증해냈다.

남편과 아내가 각자의 인생을 온전히 살고, 짝으로도 함께 할 수 있다면 인생 80년 시대의 하루하루 그리고 인생의 색채는 더없이 풍요로워질 것이다.

아내 꽃피다

초판 1쇄 인쇄 2012년 7월 16일
초판 1쇄 발행 2012년 7월 23일

지은이 요시타케 데루코
옮긴이 유인경
펴낸이 한익수
펴낸곳 도서출판 큰나무
등록 1993년 11월 30일 (제5-396호)
주소 410-360 경기도 고양시 일산동구 백석동 1455-4 1층
전화 031-903-1845
팩스 031-903-1854
이메일 btreepub@chol.com
블로그 blog.naver.com/btreepub

값 12,000원
ISBN 978-89-7891-273-0 (13810)

잘못 만들어진 책은 구입하신 서점에서 교환해 드립니다

값 6,000원